サービス・マーケティング

小宮路雅博 [編著]

創 成 社

執筆者一覧

小宮路雅博（成城大学経済学部教授）　　第1章，第2章，第4章，
　　　　　　　　　　　　　　　　　　　　第5章，第7章
佐藤　和代（城西国際大学経営情報学部教授）　第3章
高畑　　泰（神奈川大学経済学部講師）　　第6章
木村　　剛（産業能率大学経営学部教授）　　第8章
徳江順一郎（東洋大学国際観光学部准教授）　第9章，第10章

はしがき

　本書は，サービス・マーケティングを構成する各領域から主要部分を抜き出し，学習・研究を進める上で必要な解説や論述を行うことを目的として企画されたものである。本書の構成と内容については，サービス・マーケティングの基幹的部分を押さえると同時に，この分野の持つ実践的なテーマ性と興味深さを読み手の皆さんに感じていただけるよう工夫したつもりである。

　本書は全10章から構成されている。第1章～第7章でサービス・マーケティングの総論的内容と主要な各論を扱い，第8章～第10章でスポーツ，旅行業，宿泊業といったサービスの個別領域の議論を扱うものとなっている。本書を通読すれば，サービス・マーケティングでいかなる事柄が課題・テーマとなっているのかが（もちろん，全てではないが）把握でき，サービス・マーケティングの大まかな全体像を了解できる筈である。いずれの章も長大なものではなく，講義やゼミナールのテキストとして使用される場合は，概ね1章当たり1週～2週，半期2単位で教授ないし学習できることを想定している。また，各章末に簡単な演習課題を置いているので，こちらも各自の学習・研究やゼミナール等で活用し取り組んでいただけることを期待している。

　以下，各章の内容を簡単に紹介する。

　第1章は「サービスの特性とサービス・マーケティング」と題する章である。無形性・消滅性・変動性・同時性というサービスの4つの基本特性について物財と対比させつつ説明し，サービス・マーケティングにおける諸課題について解説している。第1章は，本書の記述の基礎となる概念や捉え方を解説する総論的な章である。

　第2章は「サービス・システムと諸概念」と題し，サービス・システムとサービス・システムを巡るさまざまな概念について解説する章である。サービ

ス・システムの構成要素と顧客マネジメント，サービス・スクリプトとサービス・エデュケーション，サービス・エンカウンター，サービスのフローチャートとブループリントといった関連する概念について説明している。本章も第1章に引き続き，本書の基礎として位置付けられる章である。

　第3章から第7章まではサービス・マーケティングの各論的内容を扱うものとなっている。第3章は「サービス品質と顧客満足」と題する章である。サービス品質の概念について説明し，顧客の期待と顧客満足の関係，従業員満足と顧客満足とを繋ぐサービス・プロフィット・チェーンについて解説している。

　第4章は「サービスの価格とサービス・コスト」の章である。先ず，サービスの価格設定を巡る諸課題について整理し，続いてサービス・コストの概念とサービスの価値を高めるためのサービス・コストの基本的な捉え方について解説している。また，イールド・マネジメント等のサービスに特徴的な事柄についての説明も行っている。

　第5章は「サービスの需給問題と需給マネジメント」の章である。サービスの需要と供給能力の基本特性について整理した上で，変動するサービス需要を前提としたサービス・システムの設計問題と共にサービスの需要マネジメントと供給能力マネジメントについて説明している。

　第6章は「サービスのプロモーションとエデュケーション」の章である。サービス提供におけるプロモーション課題とプロモーションの諸ツールについて説明し，続いてサービス・エデュケーションについて必要な解説を行っている。

　第7章は「サービスの失敗と顧客行動」の章である。サービスの失敗に直面した顧客はどのような行動をとるか。サービスの失敗について状況を整理し，失敗に対する顧客の行動について説明している。

　第8章から第10章まではサービスの個別領域を対象とする章である。第8章では，サービスの個別領域としてスポーツを取り上げている。スポーツ・ビジネスとマーケティングの関係について整理した後，プロ・スポーツを念頭に試合観戦における観客満足とその向上について基本的な考え方を解説してい

る。

　第9章では，サービスの個別領域として，旅行業と交通事業を取り上げている。それぞれ，概要と共に需要特性や環境特性について解説し，マーケティング上の課題について説明を加えている。

　第10章は本書の最終章である。サービスの個別領域として，宿泊業を取り上げている。宿泊業の分類，ホテル業における業態の多様化等について整理し，マーケティング上の特徴点と実際について仮設例を用いて解説している。

　各章は，基本的にそれぞれの執筆担当者が責任を持って論述を展開している。全体の企画・構成，用語・表記の統一，論述の水準の調整は編著者が担当している。編著者は本書について，各章の担当者の論述上の個性と共に全体のまとまりを良いバランスで確保できたものと考えている。本書をこの分野の学習・研究，実務に取り組む多くの方々にお読みいただければ幸いである。

　最後に本書の出版に当たり，創成社出版部・廣田喜昭氏に厚くお礼を申し上げたい。廣田氏には，出版の企画から刊行までさまざまご助力いただいた。この場を借りて，深甚の感謝の言葉を申し上げる次第である。

平成24年3月

執筆者を代表して

小宮路雅博

目　次

はしがき

第1章　サービスの特性とサービス・マーケティング ── 1
第1節　サービスとは…………………………………………………1
第2節　サービスの特性とサービス・マーケティングの諸課題
　　　　………………………………………………………………3
　　1　サービスの無形性とサービス・マーケティング上の
　　　諸課題　5
　　2　サービスの変動性とサービス・マーケティング上の
　　　諸課題　8
　　3　サービスの消滅性とサービス・マーケティング上の
　　　諸課題　9
　　4　サービスの同時性とサービス・マーケティング上の
　　　諸課題　10
第3節　サービス・マーケティングを学ぶ意義……………………12
【演習課題】……………………………………………………………15

第2章　サービス・システムと諸概念 ── 16
第1節　サービス・システムの構成要素と顧客マネジメント…16
　　1　サービス・システムの構成要素　17
　　2　顧客の役割と顧客マネジメント　20
　　3　ジェイカスタマー問題　20

第2節　サービス・スクリプトとサービス・エデュケーション
　　　　　　　　　　　　　　　　　　　　　　　　　　　　　　22
　　　1　サービス・スクリプトとは　22
　　　2　サービス・システムの設計とサービス・スクリプト，
　　　　　サービス・エデュケーション　24
　第3節　サービス・エンカウンター 27
　　　1　サービス・エンカウンターとは　27
　　　2　サービス・エンカウンターと顧客コンタクト　29
　　　3　サービス・エンカウンターにおける有形要素
　　　　　－フィジカル・エビデンスとサービススケープ－　30
　第4節　サービスのフローチャートとブループリント 31
　　　1　一連の流れからなるサービス
　　　　　－コア・サービスと補足的サービス要素－　32
　　　2　サービスのフローチャートとブループリント　34
　【演習課題】 35

第3章　サービス品質と顧客満足 ―― 39

　第1節　サービス品質 39
　　　1　サービス品質とは　39
　　　2　結果品質と過程品質　40
　　　3　サービス選択における手がかりの利用と知覚品質　41
　　　4　サービス品質の測定－SERVQUAL－　42
　　　5　サービス・クオリティ・ギャップ分析　45
　第2節　顧客満足 47
　　　1　期待と顧客満足　48
　　　2　期待の構造と顧客満足　49
　第3節　従業員満足と顧客満足
　　　　　－サービス・プロフィット・チェーン－ 50

【演習課題】………………………………………………………………54

第4章　サービスの価格とサービス・コスト ──── 56
第1節　サービスの価格と諸課題………………………………………56
1　サービスの価格及びチケット・証票の名称　56
2　サービスの提供単位　58
3　サービスの支払い対象の種類・範囲　61
4　サービスのメンバーシップ　62
5　差別価格　63
6　イールド・マネジメント　65
第2節　サービス・コスト………………………………………………67
1　サービス・コストとは　68
2　サービスの価値とサービス・コスト　69
3　結果品質と過程品質，サービス・コスト　71
4　非金銭的サービス・コストのベネフィット化　71
【演習課題】………………………………………………………………73

第5章　サービスの需給問題と需給マネジメント ──── 74
第1節　サービスの基本特性と需給問題………………………………74
第2節　サービス需要の変動とサービス・システムの設計……76
第3節　サービス需要の理解 − 需要サイクル − ………………82
1　サービスの需要サイクル　82
2　顧客のサービス利用状況と需要サイクル　83
第4節　サービスの需給マネジメント…………………………………84
1　サービスの需要マネジメント　85
2　サービスの供給能力マネジメント　87
【演習課題】………………………………………………………………88

第6章　サービスのプロモーションとエデュケーション ── 90

第1節　サービス提供におけるプロモーション課題 ……………90

1　無形性への対応　90
2　探索属性の低さへの対応　93
3　サービス従業員の重要性　94

第2節　サービス・プロモーションの諸ツール ……………………96

第3節　サービス・エデュケーション－顧客エデュケーション－
　　　　…………………………………………………………………101

1　サービスの特性と顧客エデュケーションの必要性　102
2　サービスの評価とエデュケーション　103
3　顧客エデュケーションによる顧客サポート　104

【演習課題】…………………………………………………………106

第7章　サービスの失敗と顧客行動 ── 107

第1節　サービスの失敗 ……………………………………………107

1　サービスの失敗とは　107
2　サービスの失敗状況　108

第2節　サービスの失敗に対する顧客の行動 ……………………112

1　サービスの失敗と顧客の行動　112
2　顧客の苦情申し立て行動とは　114
3　何も言わない顧客　116
4　顧客の離反行動　119

【演習課題】…………………………………………………………123

第8章　サービスの個別領域1：スポーツ
　　　　－試合観戦における観客満足とその向上－ ── 124

第1節　スポーツ・ビジネスとマーケティング ……………………124

第2節　観客満足とその向上 ·· 128
　　第3節　プロ・スポーツの環境変化と課題 ······································ 133
　　　1　プロ・スポーツを取り巻く環境変化　133
　　　2　これからのプロ・スポーツとその課題　134
　【演習課題】··· 135

第9章　サービスの個別領域2：旅行業と交通事業 ─── 137
　　第1節　旅行業 ·· 138
　　　1　旅行業の概要　138
　　　2　旅行業の役割　139
　　　3　旅行業者の分類　141
　　　4　旅行需要の変動　142
　　　5　旅行需要へのアプローチとマーケティング　145
　　第2節　交通事業 ·· 146
　　　1　交通事業の概要　146
　　　2　交通事業の競争環境　149
　　　3　交通事業の特性とマーケティング対応　151
　【演習課題】··· 153

第10章　サービスの個別領域3：宿泊業 ─────── 154
　　第1節　宿泊業の分類と規定 ·· 154
　　　1　法令による分類と規定　154
　　　2　欧米におけるホテルの分類とわが国のホテル　157
　　第2節　旅館・ホテル業態の多様化 ·· 159
　　　1　旅　館　159
　　　2　ホテル　160

第3節　宿泊業におけるマーケティング上の特徴点と実際····162
　　【演習課題】···168

索　　引　169

第1章
サービスの特性とサービス・マーケティング

　サービス（サービス財）を対象とするマーケティングを「サービス・マーケティング（service marketing）」と呼ぶ。本章では，サービスの概念と特性を整理し，サービス・マーケティングにおける諸課題について解説する。また，サービス・マーケティングを学ぶ意義についても説明する。

第1節　サービスとは

　経済財はしばしば「財とサービス」として対置して分類される[1]。この分類において，財は物財（物理的な実体のある財）を指しており，サービス（役務）は無形財（それ自体に物理的な実体はない財）を指している。サービスの語は，日本語の日常語では「無償の奉仕」や「無償での提供」といった意味でも用いられるが[2]，本書では「対価を伴う直接の取引対象としてのサービス（サービス財）」について扱うこととする。従って，物財の販売に伴って提供されるさまざまな付帯サービス[3]は本書の直接のテーマではない。上記を先ず，確認されたい。
　さて，現代社会において人々は，日常さまざまな「対価を伴う直接の取引対象としてのサービス」を購入して生活を送っている。例えば，以下の場合には，この種のサービスを購入して消費していることになる。

1）財（goods）とサービス（services）―。社会科学で一般的な区分である。広義の財（経済財）にはもちろん，サービスも含まれるが，「財とサービス」とわざわざ対置する場合の財（狭義の財）は「物財」の意味である。また，サービスを物財と対置してサービス財と呼ぶことがある。

① 生活一般。例：美容院に行く。クリーニング店に行く。宅配便を利用する。家事代行サービスを頼む。修理業者に物品の修理を頼む。
② 外食。例：レストランで食事をする。ファーストフード店に行く。カフェに行く。
③ 教育・習い事。例：学校に通う。学習塾・予備校に通う。習い事の教室に通う。英会話学校に通う。
④ 冠婚葬祭。例：結婚式を挙げる。披露宴を行う。卒業記念パーティを行う。葬儀を行う。
⑤ 医療・健康。例：病院に行く。人間ドックに行く。マッサージ店に行く。ペットを動物病院に連れて行く。
⑥ 交通・移動。例：電車・バス・飛行機に乗る。タクシーに乗る。レンタカーを借りる。有料道路を利用する。

2）「サービス」の語は，日本語の日常語ではさまざまな意味合いで用いられる言葉である。例えば，以下の用法が挙げられる。
① 「奉仕」「世話」「無償の行為」の意味。例：忙しいお父さんも日曜日には，少しは家族「サービス」をしたほうが良い。
② 「気遣い」「心配り」の意味。例：有名な旅館に泊まったら，さすがに「サービス」が行き届いていた。
③ 「割安」「値引き」の意味。例：こちらは，当店の「サービス」商品ですから，お買い得です。
④ 「他の財の提供に伴って形式上無償で提供される」の意味。例：このレストランでは，ランチには飲み物が「サービス」になる。
⑤ 「アフター・ケア」「アフター・サービス」の意味。例：あの販売店は買った後も「サービス」がきちんとしているから安心だ。
⑥ 「対価を伴う直接の取引対象としてのサービス」の意味。例：鉄道会社や航空会社は輸送，ホテルや旅館は宿泊，旅行会社は旅行という「サービス」を提供している。
　サービス業，サービス企業，サービス産業と言う時は，直接には⑥の「対価を伴う直接の取引対象としてのサービス」を提供していることを指している。本書におけるサービス・マーケティングのサービスとは，⑥の用法における「サービス（サービス財）」を想定している。
3）ここでいう付帯サービスは，消費財を念頭に置けば，例えば，買い上げ商品の包装・袋詰め，配達・配送，商品説明・コンサルティング・情報提供，据え付け・機器設定，下取り，低金利ローン，保守・点検・整備等の各種アフター・サービス，等である。

⑦　旅行・宿泊。例：海外旅行・国内旅行に行く。観光バスに乗る。遊覧船に乗る。ホテルや旅館に泊まる。

⑧　芸術・娯楽・スポーツ。例：コンサートに行く。美術館に行く。芝居を観に行く。映画を観に行く。スポーツ観戦に行く。テーマパークに行く。スポーツクラブに行く。

⑨　金融・証券・保険。例：銀行を利用する。株の売買をする。保険（生命保険，火災保険等）に入る。

　上記は，人々が日常生活で購入し，利用している「対価を伴う直接の取引対象としてのサービス」の大まかな例に過ぎない。日常提供されているこの種のサービスは多種多様であって，リストはさまざま作ることができる。同様に，これらのサービスを提供している企業や組織，産業も多種多様である。本書のテーマであるサービス・マーケティングでは，具体的には上記の①～⑨のような「サービス」が想定されている[4]。本書を読み進める上で念頭に置いてもらいたい。但し，上記の①～⑨は，日常生活で利用される一般消費者向けサービスの例であって，企業等の事業者向けサービスもまた多種多様なものが存在していることも忘れてはならない。

第2節　サービスの特性とサービス・マーケティングの諸課題

　前節で例示した多種多様なサービスについて全体的に眺めると，多様な中にもサービスとして共通の基本的な特性があることが見出される。従来，サービス・マーケティングの研究においては，サービスの（特に物財と比較しての）基

---

[4]　本書では，日本標準産業分類（第12回改定：2007年11月）における大分類の内，以下をサービス産業として想定している。G情報通信業，H運輸業，郵便業，J金融業，保険業，K不動産業，物品賃貸業，L学術研究，専門・技術サービス業，M宿泊業，飲食サービス業，N生活関連サービス業，娯楽業，O教育，学習支援業，P医療，福祉，Q複合サービス業，Rサービス業（他に分類されないもの）。なお，慣例として，上記にF電気・ガス・熱供給・水道業，I卸売業，小売業，S公務（他に分類されるものを除く），T分類不能の産業を加えて，第3次産業として捉えることが多いと思われる。

本特性として，①無形性，②変動性，③消滅性，④同時性の４つが理論上指摘されてきている。これらはサービスの（物財と比較しての）特性を把握する上で有用な枠組みとなっている。以下，説明する（図表１−１参照）。

① 　無形性（intangibility）：サービスそのものには物理的実体がなく，触知不可能（無形）であることを言う。この点を捉えて，サービスを無形財（intangible goods）と呼ぶことがある。これに対し，物財には物理的実体があり，触知可能（有形）であるので有形財（tangible goods）と呼ばれる（物財の有形性）。

② 　変動性（variability）：サービスの生産側・消費側の諸要因により，提供されるサービスがいつでも同一のものになるとは限らないこと，また，いつでも同一のものと知覚されるとは限らないことを言う（異質性，多様性，多義性とも表現される）。これに対し，物財は多くの場合，得られる機能や効用は一定であり，（とりわけ工業製品であれば）同一の品質が期待できる（物財の一定性・固定性）。

③ 　消滅性（perishability）：サービスは本質的に行為・活動・パフォーマンスであるので，サービス提供のその時その場でのみ存在し，物理的な意味での在庫ができないことを言う。これに対し，物財には物理的実体があり，在庫が可能である（物財の継続性）。

④ 　同時性（simultaneity）：サービスの生産とデリバリー[5]，消費は同時になされるものであり三者は不可分であることを言う。サービスの不可分性とも表現される。これに対し，物財の場合は，生産，流通，消費は別々の時間・空間で分離して遂行可能である（物財の分離性）。

上記の４特性は，サービスの基本特性として現在も頻繁に言及される重要な枠組みである。それぞれの特性から，サービス・マーケティングに特徴的な課

---

[5] サービスは，生産と消費が同時に起こるので，物財のような意味での生産と消費間の経済的懸隔は発生しない。生産され，直ちに「デリバリー（delivery）」され，消費されることになる。ここでは物財が想起されがちな「流通（distribution）」の語に代わって，デリバリーの用語が使われていることに留意されたい。

図表1－1　サービスと物財の特性の比較

	サービス	物財
①	無形性 ＊サービスそのものには物理的実体がなく，触知不可能である。	有形性 ＊物財には物理的実体があり，触知可能である。
②	変動性 ＊提供されるサービスがいつでも同一のものになるとは限らない。また，いつでも同一のものと知覚されるとは限らない。	一定性・固定性 ＊物財の機能や効用は一定であり，同一の品質を期待できる。
③	消滅性 ＊サービス提供のその時その場でのみ存在し，物理的な意味での在庫ができない。	継続性 ＊物財には物理的実体があり，在庫が可能である。
④	同時性 ＊サービスの生産とデリバリー，消費は同時になされるものであり三者は不可分である。	分離性 ＊物財の生産，流通，消費は別々の時間・空間で分離して遂行可能である。

出所：筆者作成。

題がさまざま生み出されることになる。以下，順に説明する。

1　サービスの無形性とサービス・マーケティング上の諸課題

　サービスは，典型的には，人や装置・設備の行為・活動・パフォーマンスの利用として提供される（例えば，美容院に行き髪をカットしてもらう）。或いは，場・空間や装置・設備の利用として提供される場合もある（例えば，スポーツクラブに通い運動をする）。サービスの提供には，外食のように時に物財の提供・消費を伴うが，提供される物財は場・空間や人・装置・設備の行為・活動・パフォーマンスの利用と不可分である。

　サービスは，場・空間や人・装置・設備の行為・活動・パフォーマンスの「利用」であるが故にそれ自体は無形である（従って，サービスの取引の本質は所有

権ではなく利用権の取引である[6]）。サービスはこの点で，物理的な存在物ではない。無形であることは，購入前に品質(クオリティ)の評価が困難となることを意味する。実物を見たり，触ったり，手に取ってみることができないためである。無形性は，顧客にとってサービスの購買リスクを物財以上に高めることになる。この点で，サービスの提供には「サービス品質の設計(デザイン)」と「顧客の購買リスクの削減」の観点が求められることになる。

　品質と購買リスクの観点では，しばしば，サービスは物財と比較してより経験属性（experience attributes）が高く，物財はサービスと比較してより探索属性（search attributes）が高いと言われる[7]。物財は，購入対象が物理的に存在するので，顧客はこれを事前に吟味する（探索する）ことができるが，サービスは形がなく，更に言うならば（同時性により）厳密には購入前には存在しないので，顧客はサービスを事前に吟味することが困難である。また，サービスは，購入し消費した後でも，依然として顧客がその品質を評価するのが困難ないし不可能な場合もある。例えば，高度医療や法務等の専門的なサービスがこれに当たる。このような性質は信頼属性（credence attributes）と呼ばれる[8]。一般に物財は探索属性が高く，サービスは経験属性や信頼属性が高い。その為，顧客の購買リスクの削減には，先ず，サービス提供に探索属性をいかにして付加す

6）物財の取引は，物理的存在物の所有権の移転をそのまま意味するが，サービスの取引では，利用権が取引対象となっている。外食のように時に物財の提供・消費を伴う場合もあるが，提供される物財は場・空間や人・装置・設備の活動・パフォーマンスの利用と不可分であり，場・空間や装置・設備ないし人そのものを所有するわけではなく，生み出される働きを利用するだけである。サービスの取引は，物財の取引のように所有権移転を必ず伴うのではなく，本質的には利用の許諾によって特徴付けられる。つまり，サービスの取引は，この点で利用権の取引を行うことに他ならない。

7）探索とは，ここでは，顧客が購入に先立って購入対象の品質評価をできることを言う。例えば，衣服は購入を決める前に手に取ったり試着したりすることができるので，探索属性が高い。経験とは，購入対象の品質評価が購入し消費した後で可能になることを言う。サービスは，多くの場合，顧客の体験として品質評価されるので，経験属性が高いと言われる。

8）品質評価できないので，サービスを提供する組織や直接のサービス提供者の権威等を拠り所にして，信頼するしかないということになる。

るかという課題の解決が求められる。

　サービスの品質評価は，専ら顧客自身の体験の側面で行われ，物財のように物理的・化学的な特性・性能や工学的な数値において補助されることは通常ない。サービスの品質とは多くの場合，顧客がサービスの体験（サービス・エクスペリエンス：service experience）において感じ取る品質（知覚品質：perceived quality）に他ならず，それ故に，顧客各人の情緒面・感覚面・主観面に大きく傾斜した評価が行われることになる。顧客がサービスの品質をどのようにして評価しているかの解明はサービス・マーケティング上の大きな課題となっている（サービス品質の評価問題）。

　また，サービスの無形性と共にサービス提供には有形要素が必ず伴うことも忘れてはならない。提供されるサービス自体は無形であるが，サービスを提供する場・空間や人・装置・設備等の物理的な有形要素の存在は排除できない。サービスの提供においては，サービスの無形性のみが強調されてはならず，サービスそのものという無形要素と共に有形要素（サービス提供に必ず伴う物理的存在物）が重要となることが理解されねばならない。ここで，物財の場合は，取引対象の物財そのものが自身の存在を雄弁に物語るが，サービスの場合はそれ自体には形がないため，自身の存在を「直接に示す方法」がないことに留意されたい。従って，求められるのは提供するサービスがいかなるものかを顧客に「間接的に示す方法」にある。これは，「サービス提供に伴う有形要素をして，いかに提供される無形のサービス内容を語らせるか[9]」や「サービスを象徴的に示す適切な有形要素をいかにして付加するか[10]」というサービス・マーケティング上の課題となる。こうした機能を持つ有形要素はフィジカル・エビデンス（physical evidence：物的証拠）と呼ばれている。

9）例えば，高級レストランでは，相応しい上品な店構えや洗練された調度品が上質なサービスが提供されることを示す（十分条件ではないが）必要条件となるだろう。

2 サービスの変動性とサービス・マーケティング上の諸課題

　変動性とは，サービスの生産側・消費側の諸要因（主にインプット，アウトプットの人的要因）により，提供されるサービスがいつでも同一のものになるとは限らないことを言う。また，たとえ同一のサービスが供給されても，サービスの受け手の側が各自さまざまに感じ取り，同一の評価をしないことも多い（顧客の知覚品質）。ここから，提供するサービスの品質管理（クオリティ・コントロール）という課題が生じる。すなわち，「サービスの変動性をなるべく排除し，標準化し反復に耐えることを目的とした品質管理」である。これは例えば，①サービス提供のマニュアル化や②サービス提供を機械化・自動化し人的要素をなるべく排除することで対処される。こうした取り組みをレビット（Levitt, T.）は「サービスの工業化」と呼んでいる（Levitt〔1976〕）。

　ここで，サービスの変動が元々期待されている場合もあることも留意されるべきである。例えば，ライブハウスでの演奏やスポーツの試合は，毎回同一の標準化内容が期待されているわけではない。物財では，（インプットと共に）アウトプットの変動は一般に容認されないが，サービスではそれが歓迎され，むしろ（良い意味で顧客の期待を裏切る）変動こそがサービスの価値を生み出していることもある。この場合は，どのようにして望ましい変動を継続的に生み出すかが問題となる。ここでは，言わば「サービスの変動性を促進し，毎回異なるようにすることを目的とした品質管理」が求められることになる。

　また，サービスに望ましい変動を確保する仕組みの一つにサービス従業員に対するエンパワーメント（empowerment）がある[11]。エンパワーメントは，

10）これは，「サービスの有形化」や「サービスの可視化」と呼ばれる。例えば，ホテルではベッドメイクや部屋の掃除がきちんとなされていることが必須である。きちんとなされていること自体はなかなか分かりにくいので（なされていないことは顧客にとって遥かに分かり易い），その証（あかし）として，ベッドの上にはメイク係のネームカードや一言メッセージを残し，備え付けのコップは殺菌済みであることを示すラップで包み，トイレの便座には滅菌済みとの紙が巻かれることになる。また，法務や会計，高度医療等の専門的なサービスでは，高水準の技術や技能，知識（これら自体は無形である）を示すために国家資格認定書や学位等の資格証明書を顧客に示していることがある。これも一種のサービスの可視化と言えるだろう。

（サービス・マーケティングの文脈では）顧客と直接に接するサービス従業員に広範な裁量権を与えることを意味している。これは，サービス提供の現場では，従業員が上司の指示や許可をいちいち仰いだり，マニュアルのままに機械的に行動したりせずに自分の判断で自信を持って個々の顧客に適応的に応対することが顧客満足（customer satisfaction：CS）や顧客ロイヤルティ（customer loyalty）の保持，顧客リテンション（customer retention）に繋がるとの考えに基づいている。

3 サービスの消滅性とサービス・マーケティング上の諸課題

　サービスには消滅性があり，物財のように物理的な意味での在庫ができない。サービス提供のための有形要素は予め準備でき，待機させることができる。しかし，生み出されるサービスそのものは，予め生産しておくことはできない。例えば，空室のままのホテルの部屋や離陸してしまった旅客機の空席は，顧客不在の状態であって，（顧客がいれば）提供できた筈のサービスと得られた筈の収益は永遠に失われてしまったことを意味する。これらはサービスが在庫できないことから生じる事態である。

　サービス提供の時間（日時）や空間（場所）の柔軟性・可変性が高い場合は，在庫ができない点も緩和される。しかし，サービスには時間ないし空間，また時間・空間の双方の点で言わばピンポイントで提供されるものも多い。多くのサービスで，物理的なサービス提供施設を備え，顧客に対しサービスの生産とデリバリーを行う物理的なサービス・ファクトリー（service factory）が構成されている。例えば，ライブハウス，野球場，レストラン，学校の教室等がサービス・ファクトリーに当たる。旅客機のようにサービス・ファクトリーが移動する場合もある。サービス・ファクトリーという決められた場所で，しばしば決められた時間にのみサービス提供が可能になる。このことは，物財の場合と

---

11) ラブロック（Lovelock, C.H.）らは，エンパワーメントと共にイネーブルメント（enablement）の概念を提示している。これは，エンパワーメントに際し，従業員に必要な技能，ツール，資源を付与することを指している。エンパワーメントとイネーブルメントについての説明は，Lovelock and Wright〔1999〕pp.330-331 に依拠している。

比較してサービスの需給のマッチングをとりわけ困難なものとする。これは「サービスの需給問題」として知られる課題である。

4　サービスの同時性とサービス・マーケティング上の諸課題

　物財には生産，流通，消費の分離性があり，生産 → 流通 → 消費の一方向に進行する通常は不可逆的な流れがある。これに対し，サービスの提供においては，サービスの生産・デリバリー・消費は同時に起こる。サービスを提供する有形要素は予め準備できるが，提供されるサービスそのものは，生産に際し，顧客の存在が不可欠であり，生産されそのままデリバリーされ消費されることになる。この分離できない3要素は一体となって一つのシステムを形成することとなる。この「サービスの生産・デリバリー・消費システム」を本書ではサービス・システム（service system）と呼んでいる[12]。サービス・システムの具体的な現れがサービス・ファクトリーである。サービス・ファクトリーには，サービスを提供する有形要素が予め準備され待機しており，ここに顧客が訪れてサービス・システムが稼働することになる。以上は，図表1－2を参照されたい。

　サービス・システムにおいては，生産の現場に顧客が居合わせることが殆どであり，生産やデリバリーに消費の側が深く関与することになる。生産・デリバリーが顧客との共同作業として進行することも多い。例えば，美容院においては，髪のカットは美容師が行うが，顧客の全面的な協力が必要であり，英会話学校においては，授業(レッスン)を行うのは英会話講師であるが，生徒のやる気と熱心な取り組みが求められ，活発な会話を交わしてこそ，生徒の英会話力も向上することになる。この点で，サービス・システムにおいて顧客とは実質的には

12）サービスの提供は，しばしばサービス・デリバリー・システム（service delivery system）或いはサーバクション・システム（servuction system）として説明されるが（servuctionはservice + productionから創られた混成語である），ここでは，生産・デリバリー・消費の分離できない一体システムとしての説明からサービス・システムという包括的な呼称を採用している。

第1章 サービスの特性とサービス・マーケティング　11

図表1-2　物財とサービスの生産,流通／デリバリー,消費

物財　＊物財の生産,流通,消費は,別々の時間・空間で遂行され,一方向に流れる。生産と消費の間の直接のインタラクションはない。

サービス　＊サービスの生産・デリバリー・消費は分離できず,「サービス・システム」を形成する。サービス・システムにおいてはしばしば生産と消費の間の直接のインタラクションがある。

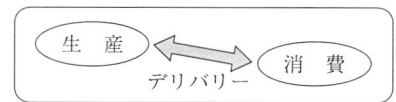

出所：筆者作成。

サービス提供の共同生産者（co-producer）[13]であって,サービスの生産と消費とはしばしば双方向的な行為（インタラクション：interaction）となる（再び図表1-2参照）。

　顧客のサービスに対する満足／不満足（customer satisfaction/dissatisfaction：CS/D）は重要な事柄であるが,実際のところ顧客自身がサービスの生産・デリバリー・消費に適切な役割を果たすことができるか否かが,顧客の満足／不満足を決定付けていることも多いだろう。サービス・システムにおいては,サービスを提供する側（共同消費者たるサービス従業員[14]）とサービスを受ける側（共同生産者たる顧客）の双方が一定の役割を果たし,適切な行動をとることが求められる。ここに「サービス・スクリプトの設計問題」と共に,従業員と顧客の双

---

13) 顧客とは,実質的にはサービス提供の「部分的従業員（partial employee）」であるといった表現もなされる。
14) 顧客は実質的にサービス提供の共同生産者である。同様の理屈で,サービス従業員も実質的にサービスの共同消費者（co-consumer）である。部分的顧客（partial customer）と捉えることもできる。こうして,サービス提供においては,しばしば顧客に対するマーケティングと共にサービス従業員に対するマーケティングが必要とされる。前者はエクスターナル・マーケティング（external marketing）,後者はインターナル・マーケティング（internal marketing）と呼ばれている。

方に対する「サービス・スクリプトのエデュケーション（教育）」の必要性が生じることになる。

　サービスは多種多様であって定義付けるのは困難であるとされてきたという理論上の経緯がある。サービスの定義の検討は価値あるものであるが，本書では，上記の説明を踏まえ，サービスとは何かについて次のように整理し，一応の理解をしておくこととしよう。もちろん，ここでいうサービスは（先にも述べたように）「対価を伴う直接の取引対象としてのサービス」である。

　「サービスとは，場・空間や人・装置・設備の行為・活動・パフォーマンスの利用である。それ故，サービスの提供においては，利用権が専ら取引される。サービスそれ自体は無形であり，一般に変動性が高く，在庫できない。サービスを提供する場・空間や人・装置・設備等の有形要素は予め準備し待機可能であるが，サービスそのものは生産と同時にデリバリーされ，消費される。また，サービスの提供においては，生産とデリバリーの現場に顧客が居合わせることが多く，この点で顧客の存在と役割が重要である。」

第3節　サービス・マーケティングを学ぶ意義

　経営学やマーケティング論においては，伝統的に，物財の生産に関わる産業（製造業）に専ら焦点をあてて研究がなされ，教育が行われてきたという経緯がある。サービスの提供に関わるマーケティングについての本格的な研究が始まり，大学院や大学等でも講座が開講されるようになったのは，さほど旧いことではない。アメリカでは1970年代からと言われるが，わが国ではもっと後になる。現在は，わが国でもサービス・マーケティングの研究はもちろん盛んになっており，サービス・マーケティングを主要講座の一つに位置付け，専任の教員を配置する大学も増え続けている。

　物財のマーケティングも依然として重要であるが，現在は，サービス・マー

ケティングも劣らず重要な存在となっている。これは以下の状況を反映している。

（1）サービス産業の地位と重要性

　先進国経済においては，製造業と共にサービス産業は主要な地位を占めてきた。これはペティ＝クラークの法則（Petty-Clark's law）で示されるように第1次産業（農林水産業）から第2次産業（鉱工業），第3次産業（サービス産業）へという経済活動のウエートが移り変わってきたことを考えても良い。「サービス経済化」と呼ばれるようにサービス産業が経済活動に占める割合は今日も拡大しつつある。先進諸国では，概ねGDPの7割以上がサービス産業から産み出されている[15]。また，サービス産業の重要性は先進諸国だけなく，途上国についても同様である。例えば，観光業等のサービス産業の振興に力を入れる途上国は多い。

　こうしたサービス産業の経済活動に占める重要性については，より日常的に考えても良いかもしれない。第1節でも見たように，人々は日常生活において多種多様なサービスを購入して生活をしている。では，購入額なり購入頻度は，物財と比べるとどうであろうか。この1週間の生活を思い起こしてもらいたい。サービスと物財，どちらの購入額・購入頻度が大きいだろうか。サービスに対する購入額・購入頻度は物財のそれに劣らないことに気づくだろう。或いは，サービスの購入額・購入頻度の方が多いという場合もあるかもしれない。

　上記のようにサービス産業（或いは日常生活におけるサービス購入）の位置付けを考えると，物財のマーケティングだけでなくサービスを対象とするマーケ

---

[15] 世界銀行WDI（World Development Indicators）によると先進諸国のGDPに占めるサービス産業の付加価値の割合（％）は，本稿執筆時点で以下のようになっている（フランスのみ2009年，他は2010年データ）。日本71.5％，アメリカ78.8％，UK77.6％，ドイツ71.0％，フランス79.2％。サービス産業の集計の範囲等，詳細は世界銀行WDI：Services, etc., value added（％ of GDP）を参照されたい。また，関連して経済産業省〔2007〕p.158 第3−1−1図も参照されたい。

ティングについても体系的に学ぶことの意義が了解されるだろう。

（2）働く場・キャリア形成の場としてのサービスの重要性

先進国経済においては，サービス産業は主要な地位を占めてきた。これは，就業においても同じくサービス産業が主要な地位を占めていることを示している。先進諸国では，雇用者の概ね7～8割がサービス産業に従事している[16]。この点で，働く場・キャリア形成の場としてのサービス産業にはより大きな関心が寄せられるべきであり，サービスの創造や提供に関わる研究や学習が一層進められるべきであると言える。

このことは，もっと個人的に考えても良いだろう。自分は将来，どんな職業・仕事に就くことになるだろうか（または就いているだろうか）。物財の生産に関わる仕事（製造業）かそれともサービスの提供に関わる仕事だろうか。例えば，銀行，証券，保険，旅行，運輸・交通，ホテル，外食，エンターテインメント等のさまざまなサービス産業。これらは今日の文系大卒者の主要な就業先となっている。個人のキャリア形成の上でも，サービスについて体系的に学ぶことは大いに意義あるものである。

マーケティングについての研究や学習は，物財の生産に関わる産業に終始することがあってはならない。上記に見るようにサービス産業についての関心を高め，サービス・マーケティングについて学ぶことは①サービスの経済活動に占める重要度，②職業人としてのキャリア形成の意味合いから見ても大いに価値があるものである。

16）世界銀行 WDI によると先進諸国の雇用者に占めるサービス産業の雇用者の割合（％）は，本稿執筆時点で以下のようになっている（各国共 2010 年データ）。日本 69.7％，アメリカ 81.2％，UK78.9％，ドイツ 70.0％，フランス 74.5％。サービス産業の集計の範囲，雇用者の定義等，詳細は世界銀行 WDI：Employment in services（% of total employment）を参照されたい。また，関連して経済産業省〔2007〕p.159 第 3 － 1 － 2 図も参照されたい。

第1章 サービスの特性とサービス・マーケティング　15

【演習課題】

（1）この1週間の自分の生活について，物財の購入額・頻度，サービスの購入額・頻度をそれぞれ列挙し比較してみよう。

（2）具体的なサービス，例えば①レストラン，②テーマパーク，③旅客機を取り上げ，サービスの4つの基本特性（無形性，変動性，消滅性，同時性）についてそれぞれ確認してみよう。＊一覧表にまとめると良い。

（3）サービスの基本特性として変動性が挙げられる。変動性の排除が求められるサービスと変動性の確保が積極的に求められるサービス。それぞれの実例について①どのようなものがあるかを考え，②変動性の排除／変動性の確保がどのようにして行われているかを検討してみよう。

（4）世界のさまざまな国について① GDP に占めるサービス産業の付加価値の割合（％），②雇用者に占めるサービス産業の雇用者の割合（％）を調べてみよう。＊世界銀行のウェブサイトに国別データがある（世界銀行 WDI）。それぞれ Services, etc., value added (% of GDP)，Employment in services (% of total employment) で調べれば良い。

参考文献

経済産業省〔2007〕『通商白書 2007 生産性向上と通商に向けた成長戦略―東アジア経済のダイナミズムとサービス産業のグローバル展開―』時事画報社。

小宮路雅博〔2010〕「サービスの諸特性とサービス取引の諸課題」『成城大学経済研究』187号，成城大学経済学会，pp.149-178。

小宮路雅博〔2011〕「サービス・マーケティング」小宮路雅博編著『現代マーケティング総論』同文舘出版，第11章所収，pp.149-170。

Levitt, T.〔1976〕"The Industrialization of Services," *Harvard Business Review*, September-October, pp.63-74.

Lovelock, C.H. and L.K.Wright〔1999〕*Principles of Service Marketing and Management*, Prentice-Hall, Inc.（訳書，小宮路雅博監訳，高畑泰・藤井大拙訳〔2002〕『サービス・マーケティング原理』白桃書房）

Lovelock, C.H. and L.K.Wright〔2001〕*Principles of Service Marketing and Management*, 2nd ed., Prentice-Hall, Inc.

世界銀行　http://worldbank.org/

（小宮路雅博）

第2章
サービス・システムと諸概念

　本章では，サービス・システムとサービス・システムを巡るさまざまな概念について説明する。サービス・システムの構成要素について整理し，サービス・システムにおいて求められる顧客マネジメントと共にサービス・スクリプト，サービス・エデュケーション，サービス・エンカウンターといった関連する概念について説明する。また，サービス・システムの設計(デザイン)やリエンジニアリングに欠かせないサービスのブループリントについても概説する[1]。

第1節　サービス・システムの構成要素と顧客マネジメント

　サービスの提供は，生産，デリバリー，消費が一体となったサービス・システムにおいて行われ，多くの場合，顧客はサービス・システムにおける体験としてサービスを受けることになる。この体験は，サービス・エクスペリエンスと呼ばれる。サービス・システムの具体的・物理的な現れがサービス・ファクトリーである。多くのサービスで，サービス・ファクトリーに顧客が訪れてサービス・システムが稼働することになる。顧客のサービス・エクスペリエンスがどのようなものになるかは，サービス・システムを構成する各要素がどのように機能し，マネジメントされるかに依存している。

---

[1] 本章の第1節及び第2節は，小宮路〔2011〕pp.158-162 を発展させたものである。

1　サービス・システムの構成要素

　サービス・システムは，幾つかの構成要素からなっている。サービス・システムは，しばしば劇場のアナロジー（類推）を用いて説明される。これはサービスの劇場アプローチ（theater approach）[2]と呼ばれる。サービス・システムを劇場になぞらえると以下の要素が挙げられる（図表2－1参照）。

　　　　図表2－1　サービスの劇場アプローチ：直接のアナロジーによる模式図

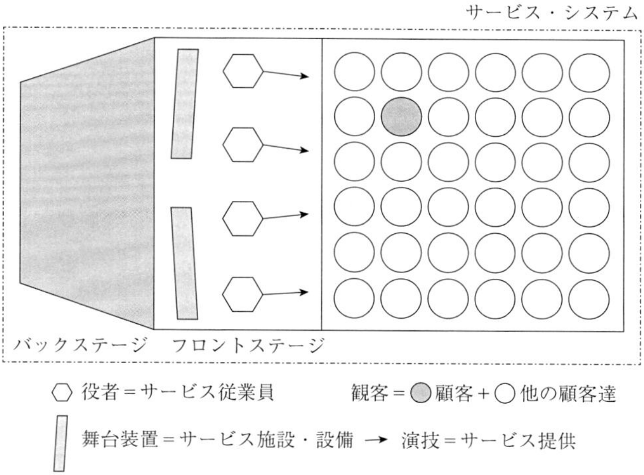

　　　　　　　　　　　　　　　　　　　　　　サービス・システム

○ 役者＝サービス従業員　　　観客＝◉顧客＋○他の顧客達

▮ 舞台装置＝サービス施設・設備　→ 演技＝サービス提供

出所：筆者作成。

① バックステージ（back-stage）：サービス生産とデリバリーを支える舞台裏である。観客（顧客）から通常，隠されている部分を指す。顧客にとってサービス・システムの不可視領域である。バックステージ要員（バックステージのサービス従業員）とさまざまなバックステージの舞台装置が置かれる。

---

[2] サービスの劇場アプローチについては，Lovelock and Wright〔1999〕訳書 pp.182-183，Grove and Fisk〔1992〕，Fisk, Grove and John〔2004〕訳書 pp.41-45 も参照されたい。

② フロントステージ (front-stage)：フロントステージ (舞台) では，役者(アクター)（サービス従業員）が配役に合わせ，舞台衣装（制服）をまとい演技をする。顧客にとってサービス・システムの可視領域である。舞台では大道具や小道具が用いられる。他のさまざまなフロントステージの舞台装置も置かれる。
③ 観客(オーディエンス)：顧客自身。
④ 他の観客達：他の顧客達。
⑤ スクリプト：劇場では，スクリプト（台本）に沿って演劇（サービス提供）が進行することになる。スクリプトはサービス・スクリプトと呼ばれる。

上記をレストランに当てはめると次のようになるだろう（図表2−2参照）。

図表2−2 サービスの劇場アプローチ：レストランへの当てはめによる模式図

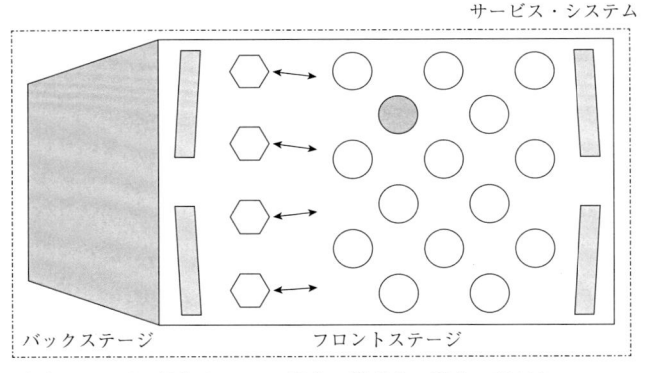

出所：筆者作成。

① バックステージ：厨房とそこで働くシェフ等の調理担当者や食材調達・管理システム，店舗運営システムがこれに当たる。
② フロントステージ：レストランには（シアターレストランでなければ）劇場

のような舞台はないが、来店客に食事が供されるホール[3]がフロントステージに当たることになる。ホールでは、役者に当たるウエイター等の接客担当者（サービス従業員）と観客に当たる来店客とが直接に接してインタラクションを行う。ホールにはフロントステージの舞台装置、すなわち顧客が食事をとるためのテーブルや椅子、その他の設備・調度品が置かれている。
③　観客：顧客（来店客）自身。
④　他の観客達：他の顧客（来店客）達。
⑤　スクリプト：レストランのサービス・スクリプトに沿って料理が提供され、食事をする。

　劇場のアナロジーは、サービス・システムを理解する上で有用である。劇場になぞらえることで多くのサービス・システムがその構成要素を識別できるからである。図表2－1，2－2のように構成要素を使ってサービス・システムの模式図をさまざまに描くこともできる。この種の模式図は時間軸を欠き静態的ではあるが、サービス・システムの全体構成を俯瞰的に把握できる機能がある。また、劇場や演劇になぞらえることは多くの人にとって馴染みがあり想起し易い。この点も劇場のアナロジーの有用性をもたらしている[4]。幕（act）や場面（scene）等、サービス提供過程を劇場における演劇の進行に喩えて描写することも可能となる。

---

[3] ホール（hall）は、飲食店の客席部分を指す。厨房・調理場（kitchen）に対する用語。
[4] 但し、通常の劇場は、①舞台と観客席とがきちんと分かれており、演じる側・観る側という点で役割が分離している、②舞台上と観客との「直接のインタラクション」がない、つまり、観客は演劇を「観る」のであって、観客自身が舞台に上がり演じることはないし、舞台上の役者が観客のところまで下りてきて観客と直接にインタラクションすることもごく限られている、という特徴を持っている。その為、（図表2－1に示されるような）劇場の直接的なアナロジーでは、顧客受動型のサービスについての当てはまりは良いものの、生産、デリバリー、消費が分離できない一体となった提供側・顧客の協働システムとしてのサービス・システムの特性を十分に描ききれないところがある。

2　顧客の役割と顧客マネジメント

　サービス・システムにおいては，サービスの提供側だけでなく顧客自身や他の顧客達もシステムの構成要素となっている。顧客は，サービス・システムにおける重要な要素であって，しばしば顧客自身或いは他の顧客達の振る舞いがサービス・エクスペリエンスを決定付けている。例えば，レストランにおけるサービス・エクスペリエンスは，料理の美味しさやサービス従業員の振る舞いだけでなく，居合わせた他の顧客達にも依存している。隣のテーブルにマナーをまるで守らない客がいれば，レストランでのサービス・エクスペリエンスは愉快とは言えないものとなるだろう。

　時には顧客の要素がサービス生産そのものの阻害要因・妨害要因となることもある。物財では生産の現場に顧客は通常，居合わせないので，これはサービス固有の事態である。例えば，クラシック・コンサートを素晴らしいものとするには観客のマナーが重要となる。演奏中に歩き回る観客や私語を止めない観客がいたり，誰かの携帯電話の着信音が鳴り響いたりするようでは，演奏そのものに大きな支障が生じるだろう。或いは，旅客機で客室乗務員の指示や制止に全く従わない乗客がいる場合はどうであろうか。機長はそうした状況を放置したまま果たして離陸できるだろうか。

　顧客の要素がサービス・エクスペリエンスを時に左右し，更にはサービス・システムの稼働そのものを阻害・妨害する。ここに，サービス・システムにおける顧客マネジメントが求められる理由がある。顧客に何らかの資格要件を設けたり，禁止条項を設けているサービスも存在する。例えば，コンサート等で年齢制限を設けている場合（一定の年齢に達しない子供は入場できない），レストラン等でドレスコードを設けている場合，学習塾で入塾試験を行う場合である。システムに相応しい顧客がサービス・ファクトリーを訪問し，サービス・スクリプトに沿った相応しい行動をとるよう工夫する必要がある。

3　ジェイカスタマー問題

　顧客が，時にサービス・システムの稼働そのものを阻害・妨害する。この種

の阻害・妨害要因となる顧客は，その悪質度によってジェイカスタマー（jaycustomer：問題顧客）と呼ばれることがある。

　jaycustomer は米語の jaywalker（交通法規を無視して道路を横断する人）の連想から創られた造語である[5]。jay には「愚か者，田舎者」といった意味合いがある。ジェイカスタマーは，サービス・システムにおいて極端に思慮に欠ける，理性に乏しい，悪意がある等の理由で問題行動をとる顧客である[6]。問題行動とは，例えば，（行列に割り込む等）社会ルールを守ることができない，サービス提供側の指示や制止に従わない（例えば，「ダメです」と言っているのにやってしまう），サービス・システムにおける遵守事項を守ることができない（例えば，「危険です」と言っているのにやってしまう），更には，器物や備品を盗む，器物や備品・設備を破壊する，ささいなことで激昂する，酒に酔って放言・暴言のし放題，暴力行為，他の顧客と争い騒乱になる等である。こうした顧客の存在は，サービス・システムの稼働を妨害し，他の顧客の不満足（customer dissatisfaction）と離反（customer defection）を招くことになる。時には，ジェイカスタマー自身やその場にいる他の人々を重大な危険に晒すこともある（例えば，旅客機を想起されたい）。

　顧客は，単に不慣れである，状況が把握できずまごついているといった理由で，サービス・システムにおいて適切ではない行動をとることもある。もちろん，この種の顧客はジェイカスタマーではない。しかし，サービス提供に従事していると上記に挙げたような顧客の問題行動に出会うものである。ジェイカスタマーは，排除なり矯正なりの対応が必要となるが，それをどのような仕組みでどのように行うかはジェイカスタマー問題としてサービス・システム稼働

---

[5] ジェイカスタマーの概念と類型については，詳しくは Lovelock and Wright〔1999〕訳書 pp.140-147 を参照されたい。
[6] もちろん，物財の消費においてもジェイカスタマーは存在する（例えば，当該物財を悪用して反社会的行為を行う等）。しかしながら，物財の場合は通常，生産・流通・消費が分離して遂行されるので，サービスの場合のようにジェイカスタマーの行為が当該物財の供給・消費システム全体の阻害・妨害要因にはなりにくい。

上の大きな課題となっている。

第2節　サービス・スクリプトとサービス・エデュケーション

　サービス・システムにおいては，サービス従業員と顧客がそれぞれ一定の役割を果たし，適切な行動をとることが求められる。特にサービス・ファクトリーにおける人対人のサービス提供の場合は，両者の行動が対面的・即応的に調和することが課題となる。サービス提供における従業員や顧客の行動の流れはサービス・スクリプト（service script）と呼ばれるものである。

1　サービス・スクリプトとは

　スクリプトには「台本，脚本，（印刷に対して）手書き，行動計画」といった意味があるが，ここでいうスクリプトは認知心理学の用語である。シャンク（Schank, R.C.）とエイベルソン（Abelson, R.P.）は，典型的な出来事の系列(シナリオ)に関する人の知識をスクリプトと呼んでいる（Schank and Abelson〔1977〕)[7]。人は学習の結果，例えば，レストランで食事をする，電車に乗る，病院で診察を受ける等，さまざまな場面でのスクリプトを持っている。人の日常的行動の多くは，熟慮の結果や外界からの情報を積極的に処理したりして生じるのではなく，何らかの手がかり(キュー)で活性化されたスクリプトに基づいて行われている。

　サービス・スクリプトは，サービス提供場面における従業員，顧客のスクリプトを指している。これは，それぞれ従業員スクリプト（employee script），顧客スクリプト（customer script）と呼ばれる。例えば，ファーストフード店では，ファーストフード店のスクリプトに基づき，従業員と顧客がそれぞれ振る舞い，言葉を交わしている。このスクリプトは，レストランにおけるスクリプ

7）スクリプトは人が持つ体制化された知識構造の一つであり，スキーマ（schema）の一種であるとされる。スキーマの内，特定の典型的な状況下で生じる出来事の系列(イベント)についての知識はイベント・スキーマ（event schema）と呼ばれる。このイベント・スキーマをシャンクとエイベルソンはスクリプトと呼んでいる。

トとは異なることは容易に理解できるだろう(図表2-3参照)。それぞれのサービスに相応しいスクリプトに基づき,従業員と顧客の両者が対応的に行動することでサービス・システムは円滑に稼働することになる。

図表2-3 サービス・スクリプトの簡略例―ファーストフード店(イートイン)とレストラン―

ファーストフード店		レストラン	
従業員スクリプト(店員のスクリプト)	顧客スクリプト(来店客のスクリプト)	従業員スクリプト(接客担当者のスクリプト)	顧客スクリプト(来店客のスクリプト)
③「いらっしゃいませ。お持ち帰りですか」ときく ⑥ 注文を確認し,金額を伝える ⑧ 代金を確認し,お釣りを渡し,お礼を言う ⑨ 料理・飲み物を準備し,渡す (次の来店客に応対する)	① 来店する ↓ ② カウンターに行く(並び,順番を待つ) ↓ ④「ここで食べます」と答える (イートインの場合) ↓ ⑤ メニューを見て注文する ↓ ⑦ 代金を払う ⑩ 料理・飲み物を受け取る ↓ ⑪ 席を探して座り,食べる ↓ ⑫ 食べ終わると自分でそれなりに片付ける ↓ ⑬ 店を出る	②「いらっしゃいませ。何名様ですか。ご予約はございますか」ときく ↓ ④ 席にご案内する ↓ ⑥ メニューをお持ちする ↓ ⑧ 飲み物をお持ちする ⑩ 料理をお持ちする (食事の間,お客の要望があれば直ぐに応える) ⑭ 会計伝票をお持ちする ⑰ 代金を確認し,お釣りを渡す。お礼を言い,またの来店をお願いする	① 来店する ↓ ③ 人数を答える。予約の有無を答える。席の位置等の希望を伝える ↓ ⑤ 着席する ↓ ⑦ メニューを見て飲み物を注文する ↓ ⑨ メニューを見て料理を注文する ⑪ 食事を楽しむ ↓ ⑫ 食事が終わる ↓ ⑬ 支払い(チェック)を頼む (以下,レジ支払いの場合) ↓ ⑮ 席を立つ ↓ ⑯ レジで支払いをする ↓ ⑱ 店を出る

出所:筆者作成。

2 サービス・システムの設計とサービス・スクリプト，サービス・エデュケーション

　スクリプトは学習されるものである。サービス・スクリプトもこの例外ではない。ファーストフード店における従業員スクリプト，顧客スクリプト，いずれも学習の結果として得たものである（従業員スクリプトは訓練やマニュアルにより強化・補強されている[8]）。ある社会に一般的に普及したサービスであれば，当該社会ではサービス・スクリプトは多くの人々が学習済みである。例えば，現代の日本においてファーストフード店でどうしたら良いか分からず戸惑うお客は殆どいないだろう。サービスの提供側に立てば，サービス・スクリプトはサービス・システムの基本設計の重要な要素となっている。以下，上記に関わる3つの論点について説明する。

（1）サービス・システムの設計とスクリプトの新規性
　サービス・システムの設計をサービス・スクリプトの社会的学習の観点から考えると「既存スクリプト－新規スクリプト」軸で捉えることができる。この軸の両端を示せば以下のようになる。
　① 既存スクリプトに沿ったシステム設計：サービス・スクリプトについて，その社会で多くの人々が学習済みであれば，当該スクリプトに沿ったサービス・システムが円滑に機能することになる（通常は，サービスのカテゴリー毎に「この種のサービスならこのようなスクリプトの筈」といった人々の観念がある）。この場合は，スクリプトのメンテナンスと新規顧客の中でスクリプトに馴染みのない少数者のケアが求められる。また，スクリプトから大きく逸脱し，サービス・システムの阻害・妨害要因となる顧客（ジェイカスタ

---

[8] ロール・スキーマ（role schema）も従業員スクリプトの強化・補強の基盤となる。ロール・スキーマは，職業，職種，地位等の社会的役割に関するスキーマを言う。職業，職種等に対するステレオタイプ認知の源泉でもある。

マー）については，排除なり矯正なりの対応が必要となる。
② 新規スクリプトによるシステム設計：既存のサービス・スクリプトから大きく外れる設計は，従業員の訓練コストを高め，顧客の側にも戸惑いをもたらすことになる。「利用の仕方が分からない」「（サービス・ファクトリーで）まごついて恥をかきたくない」等々の理由で顧客から敬遠されることにもなるだろう。

　上記からすれば，通常は既存のスクリプトに沿った設計を行うか，既存のスクリプトをベースに新しい要素を付加したり置き換えたりしてスクリプトの変化・進化を図っていくことになる。前者の場合はサービス・システムのサービス・スクリプト上の差別化は断念されることになり，後者の場合は，顧客の学習能力・速度に応じたスクリプトの漸進的な変化・進化が図られることになる。

（2）スクリプトとサービス・エデュケーション
　サービス・スクリプトの変化・進化を図る場合或いはその社会（或いはターゲット市場）に馴染みのないサービス・スクリプトを導入する場合は，サービス提供側はスクリプトのエデュケーションを積極的に行う必要がある。これは，スクリプトの社会的学習のコストをサービス提供側が負担することを意味する。エデュケーションは「教育」の意味であるが，ここでは，スクリプトの学習を促進するさまざまな工夫を行うことを意味している。例えば，顧客スクリプトについては，サービス・プレビュー（service preview）[9]やインストラクション・マテリアル（instructional materials）[10]を工夫する。サービス従業員が直

9）提供されるサービスがどのようなものであるかを事前に顧客に示す（すなわち，探索属性を付加する）ためのデモンストレーションをサービス・プレビューと呼ぶ。しばしば，サービス・システムにおいて顧客がいかに振る舞うべきかのスクリプトのインストラクションを兼ねており，顧客に対するサービス・エデュケーションの機能を持っている。
10）インストラクション・マテリアルは，スクリプトのインストラクションの機能を持つ説明パンフレットや説明カード，説明ボード，説明動画の類を指す。

接にスクリプトのインストラクションやデモンストレーションを行う，広告表現の中でスクリプトを意識的に描いてみせる，といったことが行われる。従業員スクリプトは教育訓練を通じて学習されるが，一般論としては，顧客スクリプトがその社会に浸透していけば，新規に採用される従業員もスクリプトについての基本は学習済みになっていくということになる。上記のエデュケーションは，サービス・エデュケーション（service education）と呼ばれている[11]。

（3）サービス・システムの設計と提供サービス／スクリプトの新規性

サービス・システムの設計においては，「既存サービス－新規サービス」軸を「既存スクリプト－新規スクリプト」軸と組み合わせて検討することも必要である。すなわち，提供されるサービスが旧知か否か，サービス・システムにおけるスクリプトが旧知か否かである。この場合，概念的には以下の4つの象限が考えられる（図表2－4参照）。

図表2－4 「既存－新規」軸によるサービス及びスクリプトの組み合わせ

		提供サービス	
		既存サービス	新規サービス
サービス・スクリプト	既存スクリプト	旧知のサービスに旧知のスクリプト ＊社会的学習のコストはごく低い，エデュケーションも最小限で良い	新規のサービスだがスクリプトは旧知 ＊エデュケーションにおいては，新規サービス－既存スクリプトの組み合わせの認知の獲得が重要
	新規スクリプト	旧知のサービスであるのに新しいスクリプト ＊エデュケーションにおいては，なぜ新しいスクリプトであるのかの説明が重要	新規のサービスであり新しいスクリプト ＊社会的学習コストとエデュケーションの必要性は極めて高い

出所：筆者作成。

---

11) サービス・エデュケーションの語は，通常は顧客向けのエデュケーションを念頭に語られる。サービス従業員向けのエデュケーション（従業員エデュケーション：employee education）と区別する時は，これを顧客エデュケーション（customer education）と呼んでいる。

① 既存のサービスと既存のスクリプト：旧知のサービスのいつもの通りのスクリプト。社会的学習のコストはごく低い。サービス・エデュケーションも最小限で良い。
② 既存のサービスと新規のスクリプト：提供されるサービスは旧知であるのに馴染みのないスクリプトを要求される。この種のサービスならこのようなスクリプトの筈という人々の観念から外れる為、サービス・エデュケーションの必要性は高まる。社会的学習のコストも高い。なぜ既存のサービスなのにわざわざ新しいスクリプトであるのかを説得できなければ、結局は人々に受け入れられないことになる。
③ 新規のサービスと既存のスクリプト：提供されるサービスは馴染みがない新規のものであるが、スクリプトは旧知である。サービス・エデュケーションの必要性は高いが、「新規サービス－馴染みのある既存スクリプト」の組み合わせの認知を獲得することが中心となる。その為、スクリプトそのもののエデュケーションの必要性は低い。
④ 新規のサービスと新規のスクリプト：提供されるサービスは馴染みがない新規のものであり、スクリプトも新しい。サービス・エデュケーションの必要性は極めて高い。当該の社会に新しいサービス・カテゴリーを創り出すような新規のサービスでしかも全く新しいスクリプトが要求される場合は社会的学習のコストは非常に大きくなる。

第3節　サービス・エンカウンター

　顧客はサービス・システムにおいて、さまざまな構成要素と出会うことになる。この出会いは、サービス・エンカウンターと表現される。本節ではサービス・エンカウンターと関連する概念について説明する。

1　サービス・エンカウンターとは

　サービス・エンカウンター(service encounter)は、直接には「顧客と提供サー

ビスとの出会い」の意味であるが，より具体的には，顧客がサービス・システムの構成要素と出会う区切り毎の単位を指している。

サービス・エンカウンターはどの構成要素との出会いかによって，①物的要素とのエンカウンター，②人的要素とのエンカウンターの2つに大別される。前者はサービス・システムの施設・設備，装置，備品等とのエンカウンターであり，後者は主にサービスを提供するフロントステージのサービス従業員（CP：contact personnel[12]）とのエンカウンターを指している[13]。人的要素とのエンカウンターには，他の顧客（顧客達）とのエンカウンターも含めることもできる。物理的なサービス・ファクトリーを設置し，人対人のサービスを提供する場合は，物的要素とのエンカウンターと人的要素とのエンカウンターの双方が重要になる[14]。

サービス・システムによっては，ごく短い一区切りのエンカウンターでサービスが完結することもあるが，サービス・ファクトリーにおける人対人のサービスの場合は，複数のエンカウンターが一連の流れを作ることでサービスが提供されていることも多い。例えば，ホテルの場合は，チェックイン → 部屋に泊まる → チェックアウトという最低3つのエンカウンターないしエンカウンター場面(シーン)からサービスが構成されている（もちろん，エンカウンターの区分はサービス提供側が創造的に規定して良い）。図表2-3で示されたサービス・スクリプト

---

12) CPは，サービス・マーケティングにおける用語で，通常は，サービス・システムのフロントステージにおける直接のサービス提供担当者を指している。接客担当者，接客担当従業員，接客要員として説明されることもある。CCP（consumer contact personnel）とも言う。
13) 論者によっては，サービス・エンカウンターをフロントステージのサービス従業員（CP）とのエンカウンターのみに限定して説明していることもある。
14) サービス・エンカウンターについては，物理的なサービス・ファクトリーが設置されていても，セルフ・サービス装置・機器類があるだけの場合（例えば，無人駐車場サービス）であれば，物的要素とのエンカウンターに殆ど限られることになる。また，サービスによっては（例えば，保険商品の訪問販売や家庭教師に見られるように）人的要素とのエンカウンターが専らとなる場合もある。上記は，装置ベースのサービス・ファクトリー，人ベースのサービス・ファクトリーという区分として捉えることができる。

の簡略例も顧客がサービス・システムの人的要素（CP）と出会い，インタラクションを行う一連のサービス・エンカウンターを描写するものであったと捉えることができる。

　また，サービス・エンカウンターにおいて，顧客がサービスに対する評価を下すごく短い時間を真実の瞬間（moment of truth）[15]と呼んでいる。通常は，人的要素（CP）とのエンカウンターにおけるサービス評価の決定的瞬間[16]を指しているが，単に接客態度の良し悪しといったことではなく，サービス・システムが全体として円滑に機能し，サービス・エクスペリエンスが良好に確保されていることの重要性を示す概念である。

2　サービス・エンカウンターと顧客コンタクト

　顧客は，サービス・エンカウンターの中でサービス・システムのさまざまな構成要素に接することになる。この接触を顧客コンタクト（customer contact）と呼ぶ。ラブロック（Lovelock, C.H.）は，顧客コンタクトをコンタクトの緊密さの程度によって，以下の3つに分けている[17]。

　① ハイ・コンタクト（high contact）：顧客と構成要素との間に緊密なインタラクションがある場合，顧客コンタクトはハイ・コンタクトなものとなる。このようなサービスはハイ・コンタクト・サービスと呼ばれる。例えば，人的要素（サービス従業員）とさまざまな会話ややり取りを交わすこと

---

[15] moment of truth は，カールソン（Carlzon, J.）の著書により有名となった用語である。moment of truth は，「決定的瞬間」或いは「決着の時」「審判の時」といった意訳がなされることが多いと思われるが，ベストセラーとなった同著の邦訳の題が直訳の「真実の瞬間」であったため，わが国におけるCS論（CS/D論）やサービス・マーケティングでは，そのままの直訳語が定着したものである。

[16] 良い評価の例で言えば，例えば「最初の挨拶から好印象だった」「その一言に本当に感激した」「○○をお願いしたら笑顔ですぐにしてくれた」といった瞬間である。同様に悪い評価の例で言えば，例えば「最初の挨拶から嫌な感じだった」「その一言にかちんときた」「○○をお願いしたのに無視された／嫌な顔をされた」といった瞬間である。

[17] 顧客コンタクト及びその3つの分類については，詳しくは Lovelock and Wright〔1999〕訳書 pp.56-60 を参照されたい。

でサービスが提供されていく場合，或いは物的要素とだけのエンカウンターであっても，顧客自身が機器や設備類の複雑な操作を積極的・能動的に行うことでサービスが提供されていく場合はハイ・コンタクトとなる。

② ミディアム・コンタクト（medium contact）：ハイ・コンタクトとロー・コンタクトの中間で，中程度の顧客コンタクトが行われる。このようなサービスはミディアム・コンタクト・サービスと呼ばれる。

③ ロー・コンタクト（low contact）：顧客と構成要素との間のインタラクションが最小限に留まる或いはインタラクションがない場合は，顧客コンタクトはロー・コンタクトなものになる。このようなサービスはロー・コンタクト・サービスと呼ばれる。例えば，顧客がさまざまな構成要素を眼にしていても，物的要素に触れることもないし，人的要素（サービス従業員）と会話ややりとりも全くなく目を合せることもない。こうした場合は，ロー・コンタクトとなる。

上記を先に挙げたエンカウンターの物的要素／人的要素と組み合わせることで，サービス・システムを捉えることができる。例えば，物理的なサービス・ファクトリーを設置し，人対人のサービスを提供する場合は，物的要素・人的要素双方のエンカウンターが重要になり，通常，ハイ・コンタクトないしミディアム・コンタクトのサービスが提供されることになる。

3 サービス・エンカウンターにおける有形要素
ーフィジカル・エビデンスとサービススケープー

同様に顧客は，サービス・エンカウンターの中でさまざまな有形要素を目にすることになる。提供されるサービスがどのようなものであるかを明示・暗示するさまざまな有形要素はフィジカル・エビデンス（physical evidence：物的証拠）と呼ばれる。例えば，サービス・ファクトリーである店舗や社屋等の建物・エクステリア及び植栽等の建物周り，用いられている車両類，インテリア，設備・施設，機器類，調度品，働いているサービス従業員や他の顧客達の姿かたち・服装や立ち振る舞い，看板等の広告類，パンフレット・案内書・申

込書・チラシ等の印刷物，その他の事物がフィジカル・エビデンスとなる。提供されるサービスそのものは無形であるが，顧客はサービスについての期待の形成やサービスの評価に際し，さまざまなフィジカル・エビデンスを手がかりにしていることがある（外在的手がかり）。この場合，個々のフィジカル・エビデンスについて顧客が抱く印象だけでなく，全体としての統一感も手がかりとなる。その為，個々のサービス・エンカウンター及びサービス・システム全体のフィジカル・エビデンスを意識的に設計し，管理することの重要性が認識されてきている。

　また，顧客がサービス・エンカウンターにおいて感じ取る物理的環境の総体をサービススケープ（servicescape：サービス景観）[18]と表現することがある。設備・施設，調度品，インテリア，エクステリア，その他の事物の見た目や質感・触感，空調等の快適さ，照明，音楽（BGM）・効果音・自然音，漂う香りや匂い（臭い），働いているサービス従業員や他の顧客達の姿かたち・服装や立ち振る舞い，等がサービススケープを構成する。これらに対し，顧客（及びサービス従業員）は視覚とその他の感覚を通じ，一定の総体的印象を受ける。サービススケープによって，顧客のサービスへの期待が枠付けられ，或いはサービスの評価が左右されることがある。

第4節　サービスのフローチャートとブループリント

　サービスは，しばしば複数のエンカウンターないしエンカウンター場面が一連の流れを作ることで提供される。本節では一連の流れ（フロー）としてのサービスの捉え方とその表現方法について説明する。

---

[18] サービススケープは，シティスケープ（cityscape：都市景観）やサウンドスケープ（soundscape：音の景観）と同じように風景（landscape）からの造語である。

1　一連の流れからなるサービス
－コア・サービスと補足的サービス要素－

　ホテルの場合は，チェックイン → 部屋に泊まる → チェックアウトという最低3つのエンカウンター場面からサービスが構成されている。同様にレストランであれば，注文 → 食事 → 支払いというエンカウンター場面の流れになるだろう。この場合，レストランというサービス提供の中心となるのはもちろん食事である。顧客は注文や支払いが目的ではなく，食事を目的としてレストランを訪れる（同様に顧客はチェックイン，チェックアウトが目的ではなく宿泊が目的でホテルを訪れる）。このように顧客の目的となっている中心サービスはコア・サービス（core service）と呼ばれる。一方，注文や支払いも食事というコア・サービスの提供には不可欠の要素である。この種のサービス要素は補足的サービス要素（supplementary service elements）と呼ばれる[19]。

　顧客は食事というコア・サービスのためにレストランを訪れるのであって，注文や支払いのためにレストランに来ているのではない。しかし，注文や支払いはシステムから排除はできない。同様の構図はさまざまなサービスに見出すことができる。スクリプトの簡略図（図表2-3）をもう一度見ていただきたい。スクリプトがコア・サービスに関わる部分，補足的サービス要素に関わる部分に大別できることが分かるだろう。

　コア・サービスを補足するという観点では，補足的サービス要素は以下の2種に大別できる[20]。

　① 促進型の補足的サービス要素（facilitating supplementary service elements）：コア・サービスの利用を促進し，或いはコア・サービスの提供に必要となる補足的サービス要素。これらは（レストランの場合のように）コア・サービス提供の前後に機能することが多い。典型的には，予約，注文（受注），請

---

[19] コア・サービスは，コア・プロダクト（core product）とも呼ばれる。また，補足的サービス要素を単に補足的サービス（supplementary services）とする場合もある。
[20] 補足的サービス要素の概念と分類については，Lovelock and Wright〔1999〕訳書pp.205-219を参照されたい。

求,支払い等がこれに当たる。

② 強化型の補足的サービス要素（enhancing supplementary service elements）: 提供されるサービスに追加的価値を与える補足的サービス要素。コア・サービス提供の前後或いは並行して機能する。典型的にはホスピタリティ（hospitality）に関わる要素がこれに当たる。例えば，レストランのコア・サービスは美味しい食事の提供であろうが，同時に心地良い空調，リラックスできるBGM，手際良く間違いのないクローク[21]，清掃の行き届いたきれいな化粧室等もサービスを構成する重要な要素であり，これらが強化型の補足的サービス要素となる。

上記は図表2－5を参照されたい。

図表2－5　コア・サービスと補足的サービス要素

促進型の補足的サービス要素	→	コア・サービス	→	促進型の補足的サービス要素
強化型の補足的サービス要素					

サービス提供の流れ →

＜レストランへの当てはめ例＞

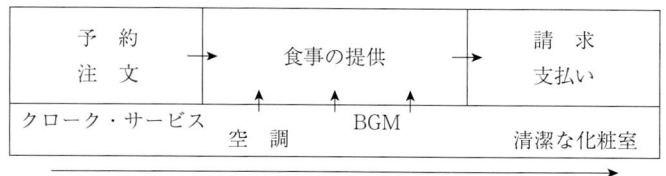

予　約 注　文	→	食事の提供	→	請　求 支払い
クローク・サービス	空　調	BGM		清潔な化粧室

サービス提供の流れ →

出所：筆者作成。

---

21) クローク・サービス。来店客のコートや手荷物を一時預かりすること。預かる場所をクロークルーム（cloakroom）と言う。

2 サービスのフローチャートとブループリント

　図表2－5はごく簡略化されているが，サービスがどのように提供されるかの基本的な流れを描くものでもある。サービス提供の流れを図示したものは，サービス・フローチャート（service flowchart）と呼ばれる。フローチャートは顧客視点から描いた場合，主にサービス・システムのフロントステージを描くことになる（図表2－3もフロントステージにおけるサービス提供の一種の流れ図になっている）。これにフロントステージと連動して機能するバックステージにおける作業（顧客にとっては不可視領域である）を加えたサービス提供の全体の流れとして描くこともできる。

　サービス・エンカウンターにおける動作・作業，機能をサービス・システムの主要な構成要素について，時系列でフローチャート化して，統一図としたものはサービス・ブループリント（service blueprint）と呼ばれる。ブループリント（青写真）の名称は，サービス・システムの（新規）設計やリエンジニアリング（re-engineering）[22]のためのツールとしての機能側面を示すものである。

　ブループリントをどのように描くか——。サービス・ブループリンティング（service blueprinting）は，その目的によって異なる。これには，大別して2つの方向性がある。

① サービス提供の流れを可視化し，全体として把握したい場合は，全ての要素を取り込むようにすると図示が複雑・煩多になり，俯瞰的理解を妨げることになる。この場合，ブループリントは余り網羅的ではなく，フロントステージにおけるサービス提供の流れとそれに連動するバックステージの動きを余り細分化せず的確かつ抑制的に描くようにする。

② サービス提供の流れをより分析的・構造的に記述したい場合は，より詳細になるべく多くの要素を入れ込んで描くように努力する。網羅的な図示を志向する場合は，より重層的な表現がなされることになる。

---

[22] リエンジニアリングは，既存の業務プロセスや作業フローを抜本的に見直し，再設計することを言う。BPR（business process re-engineering）とも表記される。

設計ツールとしてのブループリントのマネジメント上の実用性を追求する場合は，上記の①の方向性を基調として描かれる。図表2－6はファーストフード店（イートイン）を例にブループリントを描いたものである[23]。図表2－6では，顧客とサービス従業員（CP）がインタラクションを行うフロントステージのサービス提供の流れ（図表2－3のスクリプトの流れと比較対照されたい）とそれに対応するバックステージの作業ないし機能の流れが描かれている。また，サービス提供に伴う有形要素やフィジカル・エビデンスも描かれている。

ブループリントには，サービス提供の複線フローや並行フローを書き入れることもできる。また，サービス提供の流れのみならずクリティカルポイント（例えば，真実の瞬間となり得る場面やボトルネックとなるポイント），サービスの失敗の発生リスク・ポイント，待ち時間の発生ポイント，場面毎の変動性の許容幅，やり直しやフィードバック等も包括的に表現することができる（もちろん，これらの要素を付加していくとブループリントは複雑化・巨大化し，分析的・重層的になっていく）。或いは，場面毎に標準となる作業量や所要時間等の資源投入量を表示することもできる[24]。

【演習課題】

（1）具体的なサービス，例えば①ファーストフード店（イートイン），②テーマパーク，③旅客機を取り上げ，劇場アプローチを用いてサービス・システムの構成要素を整理してみよう。＊テーマパークはアトラクション単位で考えると良い。

（2）具体的なサービス，例えば①銀行，②レストラン，③大学を取り上げ，フィジカル・エビデンスについてどんなものがあるかを整理してみよう。フィジカル・エビデンスは，それぞれどのような機能を果たしているだろうか。これらについても検討してみよう。

---

23) サービス・ブループリンティングの方法，つまり，サービス・ブループリントの表現方法には統一化されたものはないことに留意されたい。図表2－6は筆者による例示である。図表中の各要素は原則として，BPMN（Business Process Modeling Notation：ビジネス・プロセス・モデリング表記法）ver.1.0 に依拠して描かれている。

24) これにより，サービス・システムに ABC／ABM（activity based costing/activity based management：活動基準原価計算／活動基準管理）が適用できる途が拓けることになる。但し，BPMN の適合性は失われる。

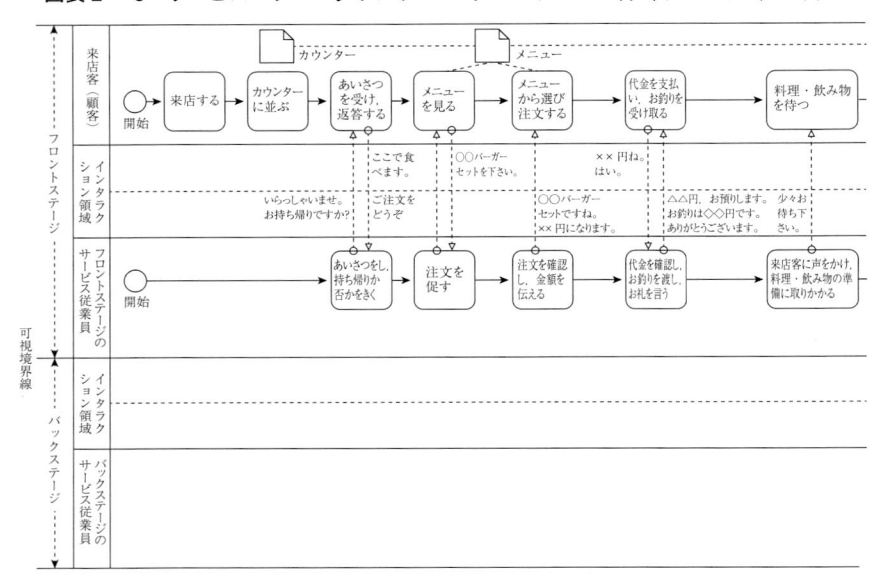

図表2－6 サービス・ブループリント[注]―ファーストフード店（イートイン）の例―

注：図表中の各要素は原則として，BPMNver.1.0 に依拠して描かれている。
出所：筆者作成。

(3) フロントステージ，バックステージは顧客にとってのサービス・システムの可視領域，不可視領域になっている。サービス・システムのどの部分を顧客にとっての可視領域，不可視領域にするかは，多くのサービスでそれぞれ一般的な区分がある。不可視領域をあえて可視化（或いは可視領域を不可視化）することで，サービス提供上の新しい特徴やベネフィット（便益）を付加することができる。この種のサービス提供上のイノベーションの実例について，どのようなものがあるかを考察してみよう。＊更にサービスの差別化と競争戦略の観点から，考察すると良い。

(4) 図表2－6を参考にして，具体的なサービス，例えばレストラン（ホテルや旅館，美容院，テーマパークのアトラクションでも良い）を例にブループリントを描いてみよう。＊図表2－7のようにフロントステージのサービス従業員（CP）が，フロントステージとバックステージの両領域を行き来するように描いても良い。また，バックステージにサービス提供を支える管理システム（店舗管理，要員管理，在庫管理，予約管理，情報管理，等）を書き入れるようにしても良い。

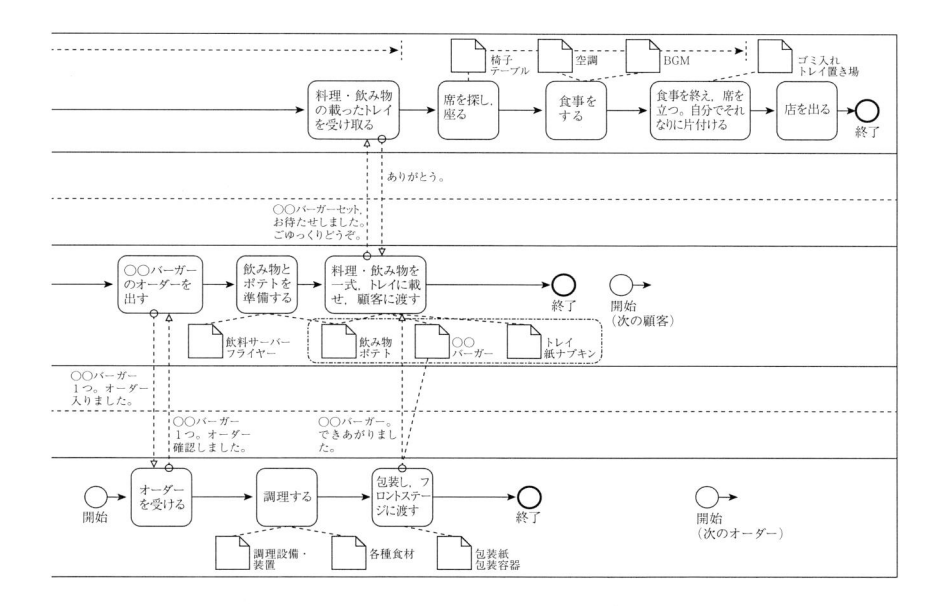

参考文献

小宮路雅博〔2010〕「サービスの諸特性とサービス取引の諸課題」『成城大学経済研究』187号，成城大学経済学会，pp.149-178。

小宮路雅博〔2011〕「サービス・マーケティング」小宮路雅博編著『現代マーケティング総論』同文舘出版，第11章所収，pp.149-170。

Carlzon, Jan〔1985〕Riv Pyramiderna, Albert Bonniers Förlag AB.（訳書，堤猶二訳〔1990〕『真実の瞬間』ダイヤモンド社。＊原著はスウェーデン語である。但し，訳者は後書きの中で英語版 Carlzon, Jan〔1987〕Moment of Truth, Ballinger Publishing Company を参照したとしている）

Fisk, R.P., S.J.Grove and J.John〔2004〕*Interactive Services Marketing,* Houghton Mifflin Company.（訳書，小川孔輔・戸谷圭子監訳〔2005〕『サービス・マーケティング入門』法政大学出版会）

Grove, S.J. and R.P.Fisk〔1992〕"The Service Experience as Theater," *Advances in*

図表2-7 サービス・ブループリント

フロントステージ	来店客（顧客）	
	インタラクション領域	
可視境界線	フロントステージのサービス従業員	
	インタラクション領域	
バックステージ	バックステージのサービス従業員	
	管理システム	

出所：筆者作成。

Consumer Research, 19, pp.455-461.

Lovelock, C.H. and L.K.Wright〔1999〕*Principles of Service Marketing and Management,* Prentice-Hall, Inc.（訳書，小宮路雅博監訳，高畑泰・藤井大拙訳〔2002〕『サービス・マーケティング原理』白桃書房）

Lovelock, C.H. and L.K.Wright〔2001〕*Principles of Service Marketing and Management, 2nd ed.,* Prentice-Hall, Inc.

Schank, R.C. and R.P.Abelson〔1977〕*Scripts, Plans, Goals and Understanding: An Inquiry into Human Knowledge Structures,* L.Erlbaum.

（小宮路雅博）

第3章
サービス品質と顧客満足

　サービスはその提供に際し有形要素を伴うが，サービスそれ自体は無形であり，物財と比べて客観的な品質(クオリティ)評価が難しいとされる。顧客は提供されるサービスの品質をどのように捉え，評価しているのであろうか。本章ではサービス品質及びサービス品質と関係の深い顧客満足について説明する。また，従業員満足と顧客満足を繋ぐサービス・プロフィット・チェーンについても解説する。

第1節　サービス品質

　サービスは無形であり，物財と比べて経験属性や信頼属性が高い。提供されるサービスが満足いくものかどうかは当該サービスを購入し，経験してみなければ分からない。或いは，法務や高度医療のような専門性の高いサービスの場合は，経験後もその品質を顧客が的確に評価することは困難である。サービスの持つ変動性・同時性もしばしば提供サービスの品質を不安定なものとする。顧客にとってサービスの品質評価は難しく，その購買には不確実性とリスクが伴う。サービス品質は，顧客の購買意思決定における選択の段階から購買後の評価に至るまで，サービス・マーケティング上のさまざまな問題や課題を生み出している。本節ではサービス品質について説明する。

1　サービス品質とは
　財（物財やサービス）の品質はどのように捉えられるだろうか。品質は大別し

て以下の2つに分けることができる。

① 客観的品質（objective quality）：物理的・工学的に捉えられる品質である。物理的・化学的な特性・性能や工学的な数値において測定可能である。
② 知覚品質（perceived quality）：人（財の買い手や使い手）が財に対して主観的に感じ取る品質である。

　物財とりわけ工業製品の場合は，生産性や不良品の発生率等との関係で物理的・工学的な客観的品質の視点が重視されるだろう。これに対し，サービスの場合は，物理的な存在物としての実体がないため，客観的品質については乏しく，顧客が主観的に感じ取る知覚品質が専らとなる。

　サービス提供側からすれば，提供されるサービスが事前に想定された仕様設計や必要条件とどの程度合致しているかを品質として捉えるべきと考えるかもしれない。この観点に立てばサービス品質は客観的品質に近づく。しかしながら，顧客にとっては，提供されるサービスが顧客自身の期待や要望にどれほど合致しているかの方が重要である。顧客の視点では，顧客自身が提供サービスをどのように感じ取るかが当該サービスの品質評価になるだろう。サービス・マーケティングにおいては，サービス品質を顧客の感じ取る知覚品質として捉えることが一般的である。

2　結果品質と過程品質

　サービスは多くの場合，サービス・ファクトリーにおける顧客自身の体験（サービス・エクスペリエンス）として提供される。それ故，サービスに関しては提供の結果がどうであったかだけでなく，提供の過程も品質として知覚される。提供の結果に関わる品質と提供の過程に関わる品質をそれぞれ結果品質（outcome quality），過程品質（process quality）と呼んでいる。例えば，美容院において「髪のカットが上手で要望の通りになった」ことは結果品質に当たり，「カットしてもらう間，心地良くリラックスできた」ことは過程品質に当たる。

　結果品質は，顧客の当該サービス購入の目的となっている中心サービス（コア・サービス）に関わる品質であり，過程品質はコア・サービスの提供過程にお

ける各種要素（補足的サービス要素）に関わる品質であると言うこともできる。また，サービスの提供過程においては，しばしばサービス提供側と顧客とのインタラクションがあるが（顧客コンタクト），インタラクションには，顧客とサービス従業員（CP）とのインタラクション，顧客と物的要素とのインタラクション，更に顧客間のインタラクションが含まれる。サービス・ファクトリーにおける人対人のサービス提供では，特にサービス従業員との人的インタラクションに関する顧客の評価が，最終的な顧客満足に直接的かつ大きな影響を及ぼすと考えられている。

3　サービス選択における手がかりの利用と知覚品質

　どのサービスを選択するか，或いは当該のサービスを利用するか否かという顧客の購買意思決定に際しては，顧客は幾つかの手がかりを利用してサービスの品質を推測している。手がかりには提供される財の本質的属性に関わるものとそれ以外（補助的属性）に関わるものとがある。前者は内在的手がかり（intrinsic cue），後者は外在的手がかり（extrinsic cue）或いは周辺的手がかり（peripheral cue）と呼ばれる。

　物財の場合は，購入の対象として物理的な実体が存在するので内在的手がかりが一般に豊富である。例えば，自動車であれば，馬力や排気量，燃費の良さ，内装の材質等によって性能や品質水準を直接に示すことができる。一方，サービスはその無形性故に本質的属性を示す手がかりが物財に比して乏しい。例えば，カットの技術の高さ・カットのセンスの良さは美容院の提供サービスの本質に関わるものであるが，これらを直接的かつ的確に示すことは容易ではない。

　サービスはその無形性故に内在的手がかりが乏しいため，多くの場合，顧客が利用できるのは外在的手がかりである。外在的手がかりは，実際の品質を必ずしも直接に保証するわけではないが，品質水準を間接的に推測する上で利用されるものを言う。例えば，サービスの価格（直接の対価），サービス提供に伴う各種の有形要素，サービススケープ，広告等の各種のサービス・プロモー

ション，サービス・ブランド，等が外在的手がかりに当たる。上記の内，価格はサービス品質の良し悪しと結び付く最も手軽な指標として顧客に利用される。つまり，「高価格であれば，それに見合って高品質であろう」「低価格であれば，品質はそれほど高くはないであろう」という顧客の一般的な判断や推測がある。

　また，顧客は購買意思決定に際し，別の基準からもサービスを検討する。自分がサービスに「支払う」コストに対してどの位のベネフィット（便益）が得られるか，すなわち，コスト・パフォーマンスに関わる知覚価値（perceived value）である。支払われるコストにはサービスの価格（直接の対価）だけでなく，価格以外の金銭的コスト（サービス・ファクトリーへの交通費等）やサービス受給に要する時間や労力等の非金銭的なコストも含まれる。これらのコストは価格も含め，サービス・コスト（service cost：サービス受給に際し顧客が負うコスト）と総称される。顧客は，知覚価値の大きさを「サービスから得られるベネフィット」と「サービス・コスト」との差（或いは比率）として評価することになる（知覚価値＝サービスから得られるベネフィット－サービス・コスト，或いは，知覚価値＝サービスから得られるベネフィット／サービス・コスト）。

　内在的・外在的手がかりの利用により品質が推測され，更に得られるベネフィットとサービス・コストの比較考量からサービスの知覚価値が導かれて購買するか否かの意思決定に繋がる。このような図式においては，サービスの価格には知覚品質に対する外在的手がかりとしての機能と知覚価値に対するサービス・コストの主要構成要素としての機能の2つがあることになる。上記は，図表3－1を参照されたい。

4　サービス品質の測定 － SERVQUAL －

　サービス品質の測定に関しては，パラスラマン（Parasuraman, A.）らが開発したSERVQUAL[1)]（サーブクアル）と呼ばれる測定手法が良く知られている（Parasuraman, Zeithaml and Berry〔1988〕）。SERVQUALではサービス品質を5つの次元に分けて，顧客の事前の期待と事後の評価の差をとるという方法が採用されている。知覚に

図表3－1　手がかりの利用と知覚品質，知覚価値

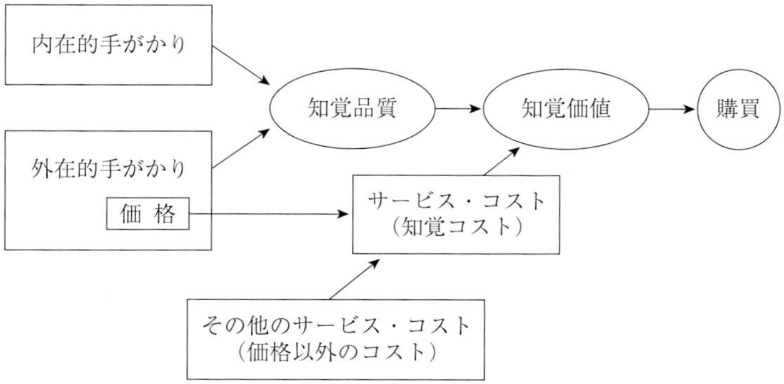
内在的手がかり
外在的手がかり
価 格
知覚品質
知覚価値
購買
サービス・コスト
（知覚コスト）
その他のサービス・コスト
（価格以外のコスト）

出所：筆者作成。但し，Zeithaml〔1988〕p.4, Figure.1を参照している。

よるサービス品質の評価は暗黙的な事前の期待を基準としてその良し悪しを判断することになる。この観点に立ち，サービスに対する事前の期待と実際のサービス提供の評価の差でサービス品質の評価を測定しようとするところにSERVQUALの特徴がある。

SERVQUALでは，有形要素，信頼性，反応性，確信性，共感性の5つの次元について，それぞれ4～5つの具体的な質問項目を設定している（質問項目は当初は合計22項目であったが，その後の改定を経て現在は21項目となっている）。質問項目は，7点尺度（「全くそう思う」を7として「全くそう思わない」を1とする）となっており，回答者（顧客）は，事前の期待と事後の評価について同じ内容の質問項目に答えるようになっている（内容は同じだが，事前期待，事後評価で質問文の表現が少し異なる）。5つの次元は図表3－2に示されている。

1）SERVQUALは，service qualityからの混成語である。SERVQUALの読みについては，サーブクァル，サーブクォル，サーブクォール，サーブカル等の表記がなされていることがある。本書では，サーブクアルの読みを採用している。

図表 3 − 2　SERVQUAL の 5 つの次元

次　元	項　目　例
有形要素（Tangibles） ＊物理的な設備・施設，機器類，従業員の身なり・姿かたち。	XYZ（サービス提供企業）は最新の設備を備えている。 XYZ のサービスを提供する施設は見た目が魅力的である。 XYZ のサービス従業員は身なりが良く，きちんとしている。
信頼性（Reliability） ＊約束したサービスを間違いなく正確に提供できる能力。	XYZ はサービス提供の時間を約束した場合，必ずその通りに実行する。 XYZ は顧客（あなた＝回答者）が何か問題を抱えた時は，心からの関心を持って解決を手助けする。 XYZ は信頼に足る。
反応性（Responsiveness） ＊顧客を手助けし，迅速にサービス提供を行う意思。	XYZ のサービス従業員は顧客に迅速なサービスを提供する。 XYZ のサービス従業員はいつでも進んで顧客の手助けを行う。 XYZ のサービス従業員は忙しすぎて，顧客の要望に迅速に応えられないということはない。
確信性（Assurance） ＊サービス従業員の知識，礼儀正しさと顧客に信用と信頼感を与えることのできる能力。	XYZ のサービス従業員は信頼できる。 XYZ のサービス従業員との取引を安全と感じる。 XYZ のサービス従業員は礼儀正しい。
共感性（Empathy） ＊個々の顧客に対する，サービス提供企業の心からの気配り。	XYZ は顧客に個別の目配りをしてくれる。 XYZ のサービス従業員は顧客に直接の人的な目配りをしてくれる。 XYZ のサービス従業員は顧客のニーズが何であるかを理解している。

出所：Parasuraman, Zeithaml and Berry〔1988〕p.23 及び同 appendix より筆者作成。

　5 つの次元の内，信頼性は特にコア・サービスに対する評価基準として最も重要な品質決定要素とされている。顧客は何よりもコア・サービスに関する約束を確実に果たすことのできるサービス提供者との取引を望んでいるためである。信頼性はサービスの結果に対する品質次元であり，結果品質の尺度と見ることができる。これに対し，反応性，確信性，共感性はサービスが提供される過程に関わる品質次元であり，過程品質の尺度となるものである。過程品質に関わる品質次元が多くなっているのは，サービス自体が体験されるもの（サービス・エクスペリエンス）であることを反映している。また，有形要素はフィジカル・エビデンスとして事前に顧客に品質についての手がかりを提供し，購買

の知覚リスクを軽減させる点で重要な役割を果たしている。

　SERVQUALは，期待が明確に形成されず事前の測定が難しい場合や期待の構造に5つの次元を見出せない場合があることも時に指摘される。しかしながら，サービス全般を包括するサービス品質評価手法として，現在までさまざまなサービス分野に適用されている。

　5つの次元の測定結果から事前の期待と事後の知覚品質の差が明らかにされる。差が生じる原因をつきとめ，縮小の方策を講じることがサービスの品質管理（クオリティ・コントロール）における課題となる。

5　サービス・クオリティ・ギャップ分析

　顧客の事前の期待と事後の知覚品質に差（ギャップ）がある場合，これはサービスを単にその時に的確に提供できなかっただけというより，構造的な問題があると考えることができる。

　サービス・クオリティ・ギャップ分析（service quality gap analysis）は，最終的な事前・事後のクオリティ・ギャップだけでなく，そこに至るさまざまな段階でのギャップの発生を想定するものである。どの段階でどのようなギャップが生み出されているか，その原因を見つけて対処方策を考えることがサービス・クオリティ・ギャップ分析の目的となる。

　分析においては，サービス・クオリティ・ギャップ・モデルが用いられることがある。ラブロック（Lovelock, C.H.）は，パラスラマン（Parasuraman, A.）らの5つのギャップからなるクオリティ・モデル（Parasuraman, Zeithaml and Berry〔1985〕）を拡張し，7つのギャップからなるモデルを提示している（Lovelock〔1994〕, Lovelock and Wright〔1999〕）。7つのクオリティ・ギャップは図表3－3に示される。

　Gap 1から4はサービス提供側で生じるギャップ（内部ギャップ），Gap 5, 6（及び7）は顧客側で生じるギャップである。各段階のいずれか或いは複数でギャップが存在することで，最終的なクオリティ・ギャップ（Gap 7）が構造的に生み出されていると考えられる。サービス・クオリティ・ギャップ分析とし

図表3－3　サービス・クオリティ・ギャップ

	ギャップ	ギャップの内容	
Gap 1	知識ギャップ (knowledge gap)	「顧客の実際の期待」 ≠	「サービス提供側が考える顧客の期待」
Gap 2	スタンダード・ギャップ (standard gap)	「サービス提供側が考える顧客の期待」 ≠	「提供されるべく定められたサービス内容」
Gap 3	提供ギャップ (delivery gap)	「提供されるべく定められたサービス内容」 ≠	「実際に提供されるサービス内容」
Gap 4	インターナル・コミュニケーション・ギャップ (internal communication gap)	「サービス提供側が広告やサービス従業員を通じ伝えるサービス内容」 ≠	「実際に提供されるサービス内容」
Gap 5	知覚ギャップ (perceptions gap)	「実際に提供されるサービス内容」 ≠	「顧客の知覚するサービス内容」
Gap 6	解釈ギャップ (interpretation gap)	「サービス提供側が広告やサービス従業員を通じ伝えるサービス内容」 ≠	「顧客がこれらを受け取り解釈するサービス内容」
Gap 7	サービス・ギャップ (service gap)	「顧客の期待するサービス内容」 ≠	「実際に提供され，顧客によって知覚されたサービス内容」

出所：Lovelock and Wright〔1999〕pp.93-94及び同訳書pp.110-112より，筆者作成。

ては，例えば，以下のようにギャップの発生する箇所と原因を見つけて，対処の方策を考えることになる。

① Gap 1：顧客の期待の把握が不十分・不的確である。顧客のニーズや期待を収集・分析するリサーチが不十分である，サービス提供の現場で把握されている顧客ニーズや要望が管理の上層に上手く吸い上げられていない，等の原因が考えられる。

② Gap 2：サービス提供側が把握している顧客の期待がどの程度，提供されるサービスの業務設計と業務体制に反映されているのかの見直しが必要となる。或いは，上手く反映できないのはなぜかを分析する。技術的要因やコスト要因等も考えられる。

③ Gap 3：サービス従業員が定められたように提供業務を実行できていな

いことが考えられる。提供されるサービスの業務設計と業務体制に実行を困難にする問題がないかを分析する必要がある。
④　Gap 4：顧客に対する広告等のサービス・プロモーション（サービス・コミュニケーション）の内容が，実際に提供されるサービス内容とどの部分でどのように乖離しているのかを解明する必要がある。サービス提供側の行うプロモーション活動は顧客の期待や知覚形成に直接の影響を与えている。
⑤　Gap 5：サービス提供の内容や方法が正しく顧客に理解されていないことが考えられる。或いは，サービス提供の現場において，サービス従業員と顧客とのインタラクションないしコミュニケーションが想定された通りに行われていない可能性がある。
⑥　Gap 6：顧客に対する広告等のサービス・プロモーションの内容が，理解が困難であったり誤解を招いたりすることがないかの見直しが必要になる。具体的なサービス内容が的確に顧客に伝えられていないことも考えられる。

第2節　顧客満足

　顧客は個々のサービス提供に対して，さまざまな感情を伴った評価を抱く。顧客満足（customer satisfaction：CS）は，サービス提供の途中や提供後に顧客の心の中に主観的に生み出される情緒的な評価である。サービス品質（知覚品質）と顧客満足は共に顧客による主観的評価という意味で類似している。しかしながら，サービス品質は当該サービスに対する一定期間持続する安定的な総合評価であるのに対して，顧客満足は顧客自身が実際に体験した（或いは体験している）個々の具体的なサービス提供に対するより短期的な情緒的・感情的評価である。従って，この2つは類似してはいるが，理論的には異なる概念と言える。本節では顧客満足と関連する概念について説明する。

1 期待と顧客満足

　顧客満足に関する理論では，オリバー（Oliver, R.L.）による「期待－不一致モデル」（the expectancy disconfirmation model）が良く知られている。これは，顧客が体験した（と知覚する）サービスが顧客の事前の期待と一致するか否かが顧客満足を決めると考えるものである（Oliver〔1980〕）。顧客はサービス利用以前に予測的な期待として一定のサービス基準を持ち，サービス提供（サービス・パフォーマンス）の評価と比較して，その差の方向性と大きさから満足度を評価する。つまり，顧客は，実際のサービス提供が自身の期待を下回れば「負の不一致」（不満足：dissatisfaction），期待を超えれば「正の不一致」（満足），同じならば期待通りと判断する。これらの判断は次回のサービス購買の期待の形成に反映されることになる。

　期待との正の不一致（満足）は顧客のポジティブな感情を形成させ，再購買意向や当該サービス・ブランドへのロイヤルティ（loyalty）を高めることに繋がる。一方，負の不一致（不満足）はサービス提供者や提供サービスに対するネガティブな感情を生み出す。再購買意向は低下し，サービス・ブランドに対する評価も悪化するだろう。このように期待と実際のサービス提供の不一致は，顧客満足（或いは不満足）の決定要因となり，更にはサービスのブランド評価にも影響を与えることになる。

　顧客満足は顧客の期待のレベルによって異なってくる。期待の形成には，これまでのサービス利用経験，口コミ，広告やパンフレット等のサービス提供側からの明示的・非明示的な約束，サービス利用の際の顧客の個人的な事情や状況要因等が関係している。顧客はこれらの諸要因によってさまざまな期待を抱いてサービスを利用することになる。

　また，同一のサービスが提供されても，顧客毎に満足度に差があるのは当然だが，同一顧客が継続的に当該サービスを利用した場合も満足度が当初とは異なってくることがある。これは顧客の期待水準がサービス利用の経験量の多寡によって変化するためである。例えば，顧客のサービス利用の経験量が増すと当該サービスに対する要求と評価が厳しいものとなることがしばしば発生する。

2 期待の構造と顧客満足

　ザイタマル（Zeithaml, V.A.）らによれば，顧客の期待には一種の構造があり，受け入れ可能な幅が存在することが主張されている（Zeithaml, Berry and Parasuraman〔1993〕）。つまり，サービス提供について，顧客にとって予想できる範囲内で最も良いサービスである希望サービス（desired service）のレベルと不満足をかろうじて感じないでぎりぎり受け入れられる下限サービス（adequate service）のレベルがあり[2]，この間が容認範囲（zone of tolerance）と呼ばれる領域を形成している（図表3－4参照）。

　ザイタマルらのモデルにおいては，提供されるサービスが下限サービスのレベルを下回ると顧客が感じれば，不快，失望，怒りといった感情が喚起され，不満足の領域となる（顧客不満足：customer dissatisfaction）。一方，希望サービスのレベルを上回る場合は，予想を超える大きな満足が得られる。これは良い意味で顧客の期待を裏切る嬉しいサービス提供であり，この状態は顧客感動ない

図表3－4　顧客の期待の構造

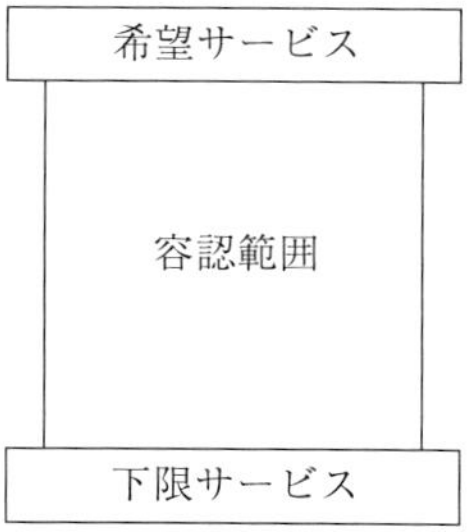

出所：Zeithaml and Bitner〔1996〕p.80, Figure4-3.

2）希望サービスは，顧客が「提供可能（can be）であり提供されるべき（should be）と考えるサービス」である（Zeithaml and Bitner〔1996〕p.77）。また，下限サービスの adequate には「ぎりぎりパスできる最低限の」という意味がある。

し顧客歓喜（CD：customer delight）と表現されることがある。提供されるサービスが容認範囲内（希望サービスと下限サービスの間）にあれば，顧客は期待通りのサービスとして，充足感，日常感，安心感と共に満足することになる。従って，このモデルでは顧客満足とは，容認範囲内に収まるサービスに対する幅を持った評価を指すことになる。

　顧客満足の範囲（容認範囲）内にあっても希望サービスに近い状態の顧客と下限サービスに近い状態の顧客とでは，実際にはサービスに対する評価に大きな差があると考えることができる。下限サービスを下回る明確な不満足顧客に対して適切な対応が必要であることは言うまでもないが，満足領域の顧客でも下限サービスに近ければ他のサービスに乗り換えてしまう可能性は高い。顧客満足度の高低によって対応すべき課題は異なる点に注意が必要である。

第3節　従業員満足と顧客満足
ーサービス・プロフィット・チェーンー

　ランチタイムにいつもお客が並んで待っている繁盛レストランもあれば，空きテーブルが目立つレストランもある。この差は一体どこにあるのだろうか。繁盛レストランは顧客の期待に沿った（時には顧客の期待を超える）サービスを提供できており，不人気レストランはそのようなサービスを提供できていないから，というのも一つの答えであろう。ここでサービスを提供する従業員に着目してみると，繁盛レストランには，腕の良いシェフと共にホールをうまく切り盛りするマネジャーやモチベーションが高く機敏に振る舞うスタッフ達がいることが観察できるかもしれない。本章の最後に，従業員満足と顧客満足を繋ぐサービス・プロフィット・チェーンについて解説する。

　サービス・プロフィット・チェーン（service-profit chain）は，ヘスケット（Heskett, J.L.）らによって提示されたものであり（Heskett et al.〔1994〕），従業員満足（employee satisfaction：ES）と顧客満足の好循環を包括的に示すモデルとして知られている（図表3-5参照）。

第3章　サービス品質と顧客満足　51

図表3－5　サービス・プロフィット・チェーン

オペレーション戦略と
サービス・デリバリー・システム

```
┌─────┐      ┌─────┐     ┌──────┐      ┌──────┐     ┌──────┐     ┌──────┐    ┌─────┐
│ 内部 │ ───→ │従業員│ ──→ │従業員の│ ──→ │顧客に提示│ ──→ │ 顧客 │ ──→ │ 顧客 │ ──→ │売上の│
│サービス│     │ 満足 │     │リテンション│    │されるサービス│    │ 満足 │     │ロイヤルティ│    │増加 │
│ 品質 │      └─────┘     │従業員の│     │ 価値 │      └──────┘     └──────┘    ├─────┤
└─────┘                   │生産性 │      └──────┘                                │収益性│
                          └──────┘                                               │の向上│
                                                                                └─────┘
```

□職場設計
□職務設計
□従業員の選抜・育成
□従業員への報奨・表彰制度
□サービス提供のための各種ツール

□サービス・コンセプト：
　顧客への提示

□ターゲット顧客のニーズに
　合致したサービスがデザイ
　ンされデリバリーされる

□リテンション
□反復購買
□他者への推奨

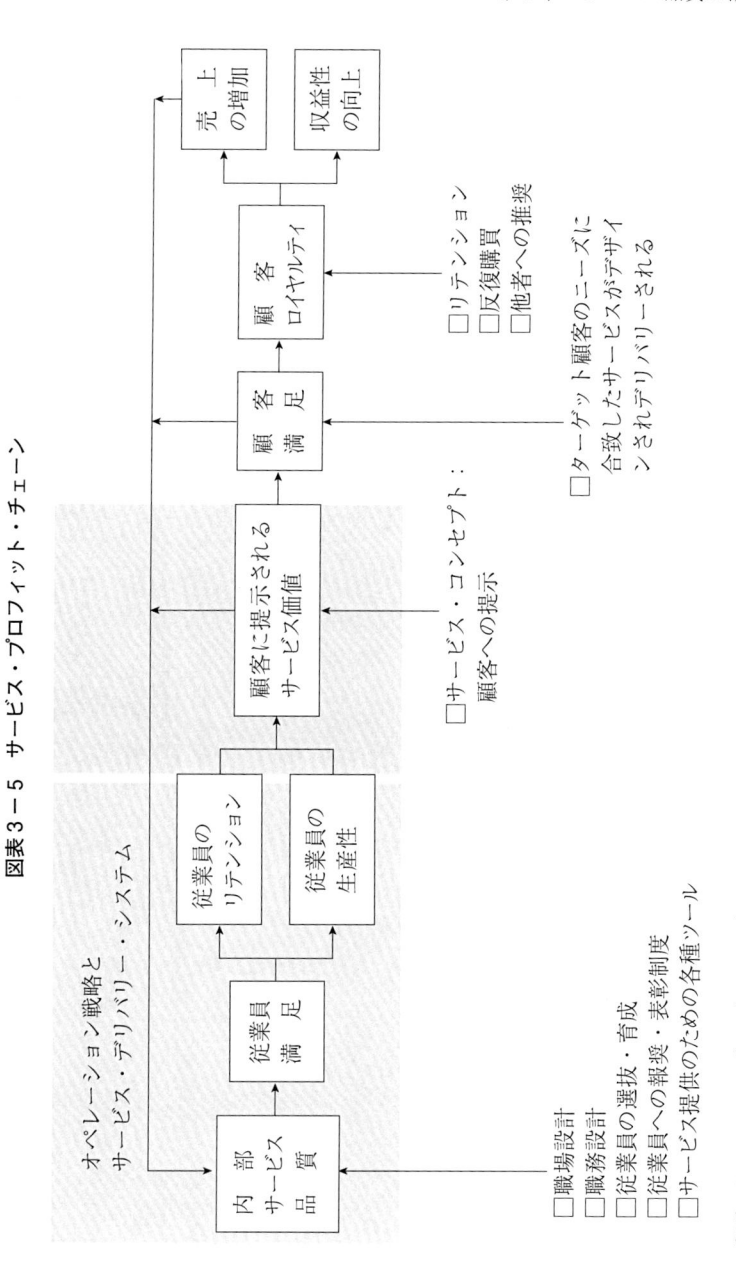

出所：Heskett et al. [1994] p.166。但し、訳はLovelock and Wright [1999] 訳書 p.155, 図表6－2を参照している。

サービス・プロフィット・チェーンにおいては，以下のような好循環が示される。

① サービス提供側の内部品質を上げることで従業員満足が得られる。やりがいのある仕事をどのようにして職務設計するか，サービス従業員に対する教育訓練，適切な評価と報酬，等の人的資源マネジメントがそのポイントになる。

② 従業員満足が従業員リテンション（employee retention）[3]と生産性の向上を導く。職務経験を通じて学習効果が生まれ，従業員のサービス提供スキルも向上するので，生産性が上がることになる。従業員満足と従業員リテンション，生産性の3要素は，相互依存関係にある。

③ 従業員満足と従業員リテンション，生産性の3要素から生み出される高いサービス価値が顧客満足を導く。

④ 高い顧客満足は高い顧客ロイヤルティ（customer loyalty）を導く。

⑤ 高い顧客ロイヤルティはサービス提供側に売上の増加と収益性の向上をもたらす。顧客ロイヤルティの向上は継続利用率を向上させ（顧客リテンション：customer retention），良い口コミ（他者への推奨）による新規顧客の誘引等を通じて売上増加に繋がる。継続顧客はサービス提供のスクリプトにも慣れており，サービス提供側にとってはエデュケーション・コストを低減できる。サービスの利用額もしばしば継続と共に増加する。また，他者への推奨をしてくれることはサービス提供側のプロモーション・コストを低く抑えることができる効果がある。

⑥ 売上増加と収益性の向上は，経営を安定させ，更に内部品質を高めることを可能にする。従業員の給与や待遇もより良いものとすることができる。

サービス・プロフィット・チェーンで描かれる好循環は，サービスの成功サ

---

[3] リテンション（retention）は維持・保持の意味である。従業員リテンションは，サービス従業員が離職せずに職場に定着していることを指す。

イクル（cycle of success）とも表現される。これに対して，従業員満足が確保されない場合は，以下のようになる。

① サービス提供側の内部品質は低く，従業員満足は確保されない。
② 満足度の低い従業員は，モチベーションが低く，生産性も低い。すぐに退職・転職しがちである。また，従業員の定着率の低い職場では熟練した従業員が育たず，この点でもサービス提供の生産性が低下する。
③ モチベーションが低く生産性も低い従業員とのインタラクションは顧客にとっても好ましくはない。このような状況において提供されるサービスは劣悪なものとなる。顧客満足は得られず，むしろ不満足顧客が生み出されるばかりである。
④ 顧客ロイヤルティも得られない。
⑤ 売上は低迷し，収益性は低いままである。継続利用してくれる顧客はおらず，多くは不慣れな新規顧客である。新規顧客も提供される劣悪なサービスに失望し，次々に離反する（customer defection：顧客ディフェクション[4]）。良い口コミは期待できず，悪い口コミだけが流布する。新規顧客を呼び寄せる努力を常に続けなければならないため，サービス提供側のプロモーション・コストは増大する。
⑥ 売上低迷と収益性の低さにより，内部品質を高める余裕はない。従業員の給与や待遇の改善も全く望めない。こうして，従業員満足を確保できない状態が再生産される。

上記の悪循環は，サービスの失敗サイクル（cycle of failure）とも表現される。
サービス・プロフィット・チェーンの好循環においては，サービス従業員を一種の内部顧客（internal customer）とみなして，顧客と同様にどのようにして

---

[4] ディフェクション（defection）は離反の意味である。顧客ディフェクションは，顧客が当該サービスの利用（反復利用，継続利用）を取り止めてしまうことを指す。対語は顧客リテンションである。
[5] インターナル・マーケティングと対比する場合，顧客に対する通常のマーケティングをエクスターナル・マーケティング（external marketing）と呼ぶことがある。

満足を高め，維持するかがマネジメント上の大きな課題となる。こうした内部顧客を対象とするマーケティングは，インターナル・マーケティング（internal marketing）と呼ばれている[5]。

【演習課題】

（1）具体的なサービス，例えば①学習塾，②歯科医院，③旅客機を取り上げ，それぞれの結果品質と過程品質を整理してみよう。
（2）具体的なサービス，例えば①レストラン，②英会話学校，③旅行ツアーを取り上げ，サービス選択における内在的手がかりと外在的手がかりの利用がどのように行われるかについて整理してみよう。＊自身の体験に基づいて整理しても良い。
（3）サービス従業員の満足（或いは不満足）を形成する要素について整理してみよう。＊自身の体験（例えば，サービス業におけるアルバイト経験等）に基づいて整理しても良い。
（4）具体的なサービスを想定して，サービス・プロフィット・チェーンにおける好循環（成功サイクル）を描写してみよう。＊或いは，悪循環（失敗サイクル）の方を描いても良い。自身の体験に基づいて整理しても良い。

参考文献

Heskett, J.L., T.O.Jones,G.W.Loveman,W.E.Sasser, Jr., and L.A.Schlesinger〔1994〕"Putting the Service-profit Chain to Work," *Harvard Business Review*, Vol.72. pp.164-170.

Lovelock, C.H.〔1994〕*Product Plus：How Product + Service = Competitive Advantage*, McGraw-Hill.

Lovelock, C.H. and L.K.Wright〔1999〕*Principles of Service Marketing and Management*, Prentice-Hall, Inc.（訳書，小宮路雅博監訳，高畑泰・藤井大拙訳〔2002〕『サービス・マーケティング原理』白桃書房）

Oliver, R.L.〔1980〕"A Cognitive Model of the Antecedents and Consequences of Satisfaction Decisions," *Journal of Marketing Research*, Vol.17(4). pp.460-469.

Parasuraman, A., V.A Zeithaml and L.L.Berry〔1985〕"A Conceptual Model of Service Quality and Its Implications for Future Research," *Journal of Marketing*, Vol.49. pp.41-50.

Parasuraman, A., V.A Zeithaml and L.L.Berry〔1988〕"SERVQUAL：A Multiple-item Scale for Measuring Consumer Perception of Service Quality," *Journal of Retaling*, Vol.64. pp.12-40.

Zeithaml, V.A.〔1988〕"Consumer Perceptions of Price, Quality, and Value：A Means-End

Model and Synthsis of Evidence," *Journal of Marketing*, Vol.52. pp.2-22.

Zeithaml, V.A., L.L.Berry and A.Parasuraman〔1993〕"The Nature and Determinants of Consumer Expectations of Service," *Journal of the Academey of Marketing Science*, Vol.21-1. pp.1-12.

Zeithaml, V.A., and Bitner, M.J.〔1996〕*Service Marketing*, MacGraw-Hill.

(佐藤和代)

第4章
サービスの価格とサービス・コスト

　本章では，サービスの価格（直接の対価）に関わる諸課題について説明する。また，顧客はサービスの利用に際し，サービスの価格だけでなく，他にもさまざまなコストを「支払って」いる。サービスの価格を含め，これらのさまざまなコストを総称してサービス・コストと呼ぶ。サービス・コストについても説明する。

第1節　サービスの価格と諸課題

　サービスの価格については，さまざまな特徴的な課題がある。これらの課題には，例えば以下が挙げられる。①サービスの価格及びチケット・証票の名称に関わる課題，②サービスの提供単位に関わる課題，③サービスの支払い対象の種類・範囲に関わる課題，④サービスのメンバーシップに関わる課題，⑤差別価格に関わる課題，⑥イールド・マネジメント。本節ではこれらについて説明する。

1　サービスの価格及びチケット・証票の名称

　サービスには無形性があり，顧客にとって支払いの対象が物財ほどは明確ではない。その為，サービスの価格は，何に支払っているのか，何の対価なのかが分かるように，それぞれの名称で呼ばれることが多い（物財の場合は，通常は支払いの対象が自明なのでこのような多様性はなく単に価格，値段等である）。例えば，ホテルでは宿泊料，英会話学校では授業料（レッスン），有料道路では通行料，スポーツク

ラブでは会費，博物館・美術館では入館料が支払われる。

　サービスの価格を示す言葉（名称）にはさまざまなものがある。名称とは「概念」であるので，サービスの提供者が自身のサービスの価格をどのような名称で呼ぶかは，支払いの対象（つまり，提供サービスの内容）がどんなものであるかという「概念」と整合していなければならない。もちろん，多くのサービスはその社会で既に良く知られており，サービスの価格についても広く受け入れられている一般的な名称がある。従って，周知のサービスであれば，（特段の差別化を意図しない限りは）価格について通常は当該社会で受け入れられている一般的な名称がそのまま用いられるべきである。また，サービスは本質的には利用権が取引されるので，利用権を保証する「チケット（券・切符）」や「証票」を形式上は購入する形になっていることもある。例えば，電車なら乗車券を購入し，旅客機では搭乗券を購入する。授業料が月謝制ではなくチケット制になっている英会話学校も多い。これらのチケットや証票についても，通常はそれぞれのサービスで広く受け入れられている一般的な名称が用いられることになる。

　しかしながら，提供されるサービスがその社会（或いはターゲット市場）に馴染みのない新規のものであるとかサービスの内容に相応しい価格を表現するのに見合った既存の名称がない場合は，新しく創造するか借用するかせねばならない。例えば，携帯電話会社は，しばしば「○○プラン」の名の下にパッケージ化されたサービス料金をそれぞれ独自に提示している。これは，現在の携帯電話の複雑なサービス内容と料金体系を反映したものである。また，チケットや証票についても同様である。例えば，TDR（東京ディズニーリゾート）等のディズニーのテーマパークでは，「パスポート（passport：旅券）」という言葉を借用して，支払いの対象であるサービス内容を表現している[1]。この場合，パスポートは直接にはパークのチケットなのであるが，①入園し，②パーク内の殆どのアトラクションを追加料金なしで楽しむことができ，③しかも，「夢と魔法の王国」での楽しい時間を約束する，というパークのサービス内容を包括的に表現するものとなっている[2]。

提供するサービスの価格や利用権を保証するチケットや証票をどのような名称で呼ぶか——。これは旧知のサービスであればさほど問題にはならない。しかし，新規のサービスや複雑なサービス内容となっている場合は，名称をどうするかは重要なマーケティング課題となる。価格やチケット・証票の名称が，支払いの対象（提供されるサービス）がどんなものであるかを（端的に或いは包括的・統一的に，また時に象徴的に）示すことになるからである。また，これらの名称が，商標登録されサービス・ブランドとして機能する場合もあるだろう。上記は物財では一般に発生しない課題である。

2　サービスの提供単位

　物財の多くは，個数や台数の単位で提供される。例えば，家電製品，自動車，衣服等の提供単位は自明であり，或いは少なくとも提供単位の選択肢はそれほど多くはない。一方，サービスには無形性があるため，個数や台数の単位ではなく時間や回数，期間の単位で提供されるものが多い。サービスも物財と

---

1) JR舞浜駅を降りて，TDL（東京ディズニーランド）のメイン・エントランスに向かう途中に旅行のスーツケースを模した外観の大型のディズニーショップ「ボン・ヴォヤージュ」がある。ボン・ヴォヤージュ（Bon Voyage !）は，元々，フランス語で「良い航海を！」の意味であり，英語圏では旅立つ人に対する「行ってらっしゃい！」の意味で用いられる。この店を過ぎてすぐのところに巨大なアーチ（実は店舗の外装＝スーツケースの一部である）があり，ミッキーマウスのパスポート（旅券）の写真頁が大きくペイントされている。このアーチをくぐることが「夢と魔法の王国」への旅立ちを意味する行為となっている。旅立った先の異国でTDL旅行者（来園者）が携行するものは，単なる入園券ではなく「パスポート」でなければならないわけである。
2) わが国では以前は，遊園地の多くが入園料とは別に園内の乗り物毎に別途，料金を設定しているのが通常であった。TDLも同様で，現在のパスポートに統一される前（1983年4月の開園から2001年3月末日迄）は，①パスポートの他に②入園券，③各種のアトラクション券，④ビッグ10等の入園券と複数のアトラクション券を組み合わせたもの，が多様に混在する料金体系となっていた（来園客にとっては，しばしばアトラクション券が中途半端に余る結果となっていた）。TDLですら，チケットをパスポートという包括的表現に統一するまでに18年を要したことは興味深い（これは，同時にTDLのサービスを入園＋アトラクションの包括的提供に統一するのに18年を要したことも意味する）。

同様，多くの場合，基本的な提供単位は決まっている。例えば，ホテルでは1泊，英会話学校では1授業，有料道路では1回の通行がそれぞれの提供単位となる。但し，どのような提供単位となるかは，価格の名称と同様にサービス毎に多様性がある（物財の提供単位の多様性はサービスと比較すれば少ない）。

サービスの利用に継続性や反復性がある場合，サービスの提供単位をどうするかがマーケティング上の重要な課題となる。通常は，提供の最小単位と共に継続性なり反復性を反映した提供単位が幾つか設定される。例えば，電車やバスには定期券や回数券があり，スポーツ観戦やクラシック・コンサートでは毎回のチケットの他に年間チケットやシーズン・チケット[3]が設定される。複数の提供単位があることは，それぞれに別々の価格設定がなされることを意味している。ここで以下の諸点が検討されることになる。

(1) サービスの提供単位の基本設定

提供単位の基本設定をどうするかである。大別して①提供の最小単位のみとする場合，②最小単位と回数・期間に基づく複数の提供単位を設定する場合，③或いは最小単位をあえて除外して回数・期間に基づく提供単位を設定する場合がある。例えば，英会話学校にとっては，基本設定として①1授業単位でのサービス提供と価格設定のみとする場合，②1授業単位でも支払うことできるが10回チケット・20回チケット等の複数回の価格設定も行う場合，③1授業単位での支払いの設定はなく10回チケット・20回チケット等の価格設定のみとする場合，といった選択肢がある。

(2) サービス提供の最小単位

提供の最小単位について，分割或いは拡大が可能であるか否かである。物理的に或いは社会通念上，最小単位が固定されている場合も多い。しかしなが

---

[3] 年間チケット，シーズン・チケットは，期間内であれば何度でも利用できる場合と回数が決まっている場合がある。

ら，最小単位の縮小・分割或いは拡大の余地がないわけではない。例えば，英会話学校にとっては，提供の最小単位は1授業であろう。では，その1授業は何分間であるべきか。サービス供給能力（service capacity：この場合は，主に教室数[4]）は固定的であるので，1授業を何分間として設定するかで1日当たりの延べ授業数が左右され，設定すべき1授業当たりの価格も異なってくる[5]。また，サービス提供の最小単位の中にサービス供給能力のアイドル時間（idle time：稼働しないで待機している時間）が含まれている場合もある。このアイドル時間を切り出して，新しいサービス提供単位とすることもできる。この場合，新しい提供単位は従来の最小提供単位よりも小さくなる。同様に早朝，深夜等，従来，稼働していなかった時間帯も提供単位の源泉となる。この場合も従来の標準的な最小提供単位とは異なる提供単位を設定することができる。上記の場合も，従来の最小提供単位とは異なる価格設定が求められることになる。

（3）回数・期間に基づく提供単位

回数・期間に基づく提供単位を設定する場合，どのような設定をするかである。先ず，回数・期間はどの程度のものを何種類設定するかが課題となる。一般に回数・期間に基づく提供単位は一種の「まとめ売り」であるので，価格設定としては「割引（ディスカウント）」されて，回数・期間が多く・長くなるほど最小単位当たりの価格換算は安価になるのが通常である。従って，この種の価格設定は，①サービス提供の最小単位当たりの収益は低下する，②しかし，前払い式であれば収益の安定に資する，③最小単位毎の料金支払い・徴収に関わるコストも削減できる，④予めサービス需要の量とサービス供給能力の稼働水準の見込み

---

[4] 英会話講師数もサービス供給能力の重要な構成要素であるが，教室数ほどは固定的ではない。

[5] この場合，基本的な方向性としては①1授業の時間をなるべく短くして教室を高回転させる場合（その分，おそらく単位当たり授業料は相対的に安価にせざるを得ない。またより多くの延べ生徒数が必要になる）と②1授業の時間をなるべく長くして教室を低回転させる場合（時間が長いので授業料は相対的に高額にできる。延べ生徒数は①よりも少ない。しかし，高額で長時間の授業は歓迎されないかもしれない）がある。

が立つ，⑤実際には必ずしも全てが利用されるとは限らず，その分，変動費がかからない，といった特徴がある。提供単位当たりの収益は低下するが，収益の安定と供給能力の稼働安定をもたらす—。回数・期間に基づく複数の提供単位を（最小単位と共に）設定する場合，それぞれの顧客の比率をどのように見積もるべきか，或いは，それぞれに応じてサービス供給能力をどのように割り振るべきかが課題になる（これは後述するイールド・マネジメントに関わる課題でもある）。また，提供単位毎に複数の価格設定を行う場合，それぞれの価格の名称（及びチケット・証票がある場合はその名称）を提供単位毎のサービス内容に応じて適切に設定せねばならない。

3 サービスの支払い対象の種類・範囲

　サービスの無形性は，しばしば支払い対象の種類や範囲を価格設定上どうするかという課題を生み出している。例えば，スポーツクラブは，会費（年会費や月会費）を支払い利用する。この場合，タオル使用料や特定のレッスンやエクササイズの利用料を別途設定すべきであろうか。或いは，テニスやスカッシュのコート，プール，ゴルフ練習コーナー等も別料金を設定すべきであろうか。それとも全てのサービス要素を会費に含めるべきであろうか。これらの問いかけは実際のところ，①スポーツクラブのコア・サービスとは何か，②どのサービスがコア・サービスに含まれ，或いは（強化型の）補足的サービス要素に含まれるか，③補足的サービス要素に含まれるとしてそれらに別途の課金をすべきか否か，という根本的な問いかけをすることと同じである。

　物財は，多くの場合，物理的に対象がひとまとまりとして存在しているので，わざわざセットにしたりしない限り，それぞれのまとまりの単位で販売すれば良い。しかし，サービスの場合は，無形性があるのでどこまでをひとまとめとして価格を決めるかが常に課題となる。この課題は，サービスの価格設定において「包括価格−要素別価格」軸を生み出すことになる。この軸の両端を示せば以下のようになる。

（1）全てが包括価格に含まれる場合

　関連するサービス全てを包括して価格を設定する。顧客にとっては料金体系が単純になり，サービス要素毎にいちいち支払わねばならない煩わしさを回避できる（要素毎に支払うとトータルでは高額になることも多い）。サービス提供側にとっては，一種の「まとめ売り」ができ，サービス要素毎の価格設定・徴収に関わるコストも削減できる。例えば，クラブメッド（Club Med）[6]は，滞在型のリゾート・バカンスを提供しているが，滞在中の食費やアクティビティ料金等全てを含めたオールインクルーシブ（all-inclusive）と呼ぶ包括価格設定を行っている[7]。先に挙げたディズニーの「パスポート」もこの包括価格設定の一つと言うことができる。

（2）全てが要素別価格になっている場合

　サービス要素を全て分離し，別々に価格を設定する。顧客にとっては，必要な要素を自分で選択し組み立てることができ，不要なサービスまで購入せずに済む（不要なサービス要素があると考える顧客にとっては，包括価格は割高に感じることがある）。例えば，リゾートには滞在したいが，好きなものを自分で食べに行きたいし，アクティビティもやりたいことをやりたいようにしたい人にとっては，クラブメッドのようなオールインクルーシブは魅力的ではないであろう。

4　サービスのメンバーシップ

　サービスの利用に継続性や反復性がある場合，会員制等のメンバーシップ制を採用していることがある。この種のサービスでは，メンバーシップ（会員等

---

[6] クラブ・メディテラネ株式会社（Club Méditerranée S.A.）は，パリに本社を置く国際的なリゾートサービス会社で，クラブメッドと略称される（日本ではかつて地中海クラブと称していた）。日本法人は株式会社クラブメッド。

[7] クラブメッドのウェブサイトには，「オールインクルーシブ！　滞在中はお財布不要！」「クラブメッドの旅行代金には，宿泊費はもちろん，滞在中のお食事，アルコールを含むドリンク類，各種アクティビティなどが含まれています」との説明がある。

のメンバーであること）に対する価格が入会金といった形で設定されていることが多い。顧客は入会金を支払って会員となり，更に年会費なり月会費を支払うことになる。一般にスポーツクラブや教育・習い事に関わるサービス等ではこの種の価格設定がなされている。この場合，入会金はメンバーシップに対する支払い，会費は実際のサービス利用に対する支払いと認識されるのが一般的である。こうした2段構えの価格設定は，物財の取引においては通常は発生しないものである。

　2段構えになっていることで，サービスの価格設定におけるバリエーションが可能になり，これをどうするかが課題となる。良く行われるのは「入会キャンペーン」等と称して，メンバーシップに対する支払いを割引ないし無料にする価格プロモーション（価格型SP）である。この種の入会キャンペーンは，サービスの供給能力の稼働率の基礎となる会員の母数を確保するために行われる（それ故，新規開業時や新年度等の会員の入れ替わり時期に多用される）。また，一旦，入会してしまえば「入会金の必要な競合サービスに今から乗り換えるのは，面倒だし気が進まない」「会員になって通う内に当該サービスの利用に慣れたし，友達もできた」といった状態になることも期待される（スイッチング障壁（バリア）の構築）。

5　差別価格

　同一の提供サービスであっても，対象とする顧客セグメント等の違いにより異なる価格とする場合がある。これを価格差別（price discrimination）と呼ぶ。価格差別を実現するために行われる価格設定が差別価格設定であり，設定される価格は差別価格（differentiated price）と呼ばれる。差別価格設定は時に物財においても行われるが，サービスの提供において特に多用されているものである。サービスにおいて用いられる主要な差別価格には以下の種類がある。差別価格をどのように用いるかもサービス提供上の重要な課題となる。

(1) 顧客セグメント別差別価格

対象とする顧客がグループないしセグメントに分かれている場合に行われるものである。基本的には，顧客セグメント毎に需要の価格への反応度が異なる場合に，反応度が低いセグメントは通常価格にし，反応度が高いセグメントは低価格にして誘引することが行われる。他にサービス提供の理念上，望ましいセグメントの利用を促進する場合（例えば，博物館や美術館では割安の学生料金・学童料金が設定されている），時期別・時間帯別差別価格と連動して閑散期等に特定セグメントの利用を促進する場合等のケースがある。差別価格設定は，年齢別や性別等のデモグラフィック基準で行われることが多い（例えば，学生料金・学童料金の他にシニア料金，レディース料金等がある）。その為，社会規範や社会通念上の制約に特に敏感であることが求められる。

(2) 地域別差別価格

地域毎に所得水準が異なる等の理由で価格への反応度が異なる場合に行われる。反応度が低い地域は通常価格にし，反応度が高い地域は低価格にして誘引する。この場合，地域は国単位でも良い。例えば，同じ航空路線でも購入する国によって航空運賃の価格設定は大きく異なる。

(3) 時期別・時間帯別差別価格

サービス提供の時期別・時間帯別に異なる価格を設定するものである。例えば，同じ内容の旅行ツアーでも繁忙期と閑散期では価格設定が大きく異なり，映画館の深夜料金は割安である。季節や年，週，日単位での差別価格をカレンダータイム差別価格，1日の中での差別価格をクロックタイム差別価格と呼ぶことがある。

(4) 予約タイミング別差別価格

予約システム（reservation system）が採用されている場合に，予約のタイミングに応じて価格設定を変えるものである。航空やホテル等では，早期予約に割

引料金が設定されていることが多い。コンサートや映画，展覧会も一般に前売り券の方が当日券よりも安価に設定されている。いずれも同一のサービス利用に対して別々の価格が設定されている。図式的には，顧客は早めに利用スケジュールを確定して予約を入れるという手間ひまと得られる割引との比較考量を行うことになる。すなわち，「スケジュールの早期確定と予約の手間ひま＜割引価格によるベネフィット（便益）」と考える顧客は早期予約を行い，「スケジュールの早期確定と予約の手間ひま＞割引価格によるベネフィット」と考える顧客は早期予約はせず専ら正規料金で利用することになる。また，予約システムは，予め需要を確定し，需要変動の不確実性を削減するのに有用である。予約タイミング別差別価格には，予約システムの利用を促進する機能がある。

6　イールド・マネジメント

サービスには消滅性があるため，顧客不在のまま供給能力が稼働しない事態は回避せねばならない。その為，供給能力の稼働率（occupancy）の向上がしばしば課題となる。これは，とりわけ固定費の大きなサービス・ファクトリーを抱えるサービスでは重要である。しかしながら，稼働率の向上がどのようにしてもたらされているかは，レベニュー・マネジメント（revenue management：収益管理）の観点から注意が必要である。例えば，高い稼働率が実際には大幅な割引価格によって実現されている場合がある。

イールド・マネジメント（yield management）は，顧客セグメントと予約時期，予約タイミング別差別価格をうまく組み合わせることで，サービスの供給能力の稼働率と平均販売価格の双方を確保しつつ，供給能力の提供単位当たりの収益を最大化するように管理する手法である[8]。この手法は，元々，航空旅客輸送の分野[9]で発達し，ホテル業等[10]に取り入れられていったものである。これらのサービスは，①固定費の大きなサービス・ファクトリーを抱え，供給能力の固定性も非常に高い，②顧客は価格への反応度や予約時期の異なる複数の顧客セグメントから構成される，といった特徴[11]があり，サービスの提供上，例えば，以下のような課題に直面してきた。

① 旅客機の座席は，事前にどの位の割合を割引価格の乗客（団体客や早期予約客）で埋めておけば良いであろうか。座席を空けておけば，急に出張が決まったビジネス客等の正規運賃（rack rate）の乗客が当日申し込みも含め，それなりに利用してくれる筈である。

② リゾートホテルでは，旅行会社の主催するツアー客分と個人旅行客の比率をどのように見積もれば良いであろうか。旅行会社は多数の部屋を早期に予約してくれるが大幅な割引を要求される。一方，個人旅行客は正規の料金で宿泊してくれることが多い。部屋の多くを旅行会社の予約分に充てれば，シーズン中に空き部屋が出るリスクは低下する。しかし，部屋当たりの収益性も低下してしまう。

③ 主要駅近傍のシティホテルでは競争が激しく，宿泊料金の大幅な早期割引を実施せざるを得ない。早期割引により予約客は確保できる。しかし，

---

8) イールド・マネジメントにおけるイールド（yield：供給能力の提供単位当たりの収益）は，以下のように定義される。

$$\text{イールド} = \frac{\text{収益}}{\text{提供可能な供給能力}} = \underbrace{\frac{\text{収益}}{\text{提供された供給能力}}}_{\text{〔平均販売価格〕}} \times \underbrace{\frac{\text{提供された供給能力}}{\text{提供可能な供給能力}}}_{\text{〔供給能力の稼働率〕}}$$

供給能力の稼働率向上と高い平均販売価格は基本的には背反する。稼働率の向上は，しばしば値引き・割引によって達成されるが，これはもちろん，平均販売価格を押し下げることになる。一方，平均販売価格を高い水準で維持しようとすると高価格故に顧客数が減り，供給能力の稼働率が低下する。イールド・マネジメントは上記の定義式に示されるように背反する2つの要素（稼働率と平均販売価格）を同時に追求するものとなっている。

9) 航空旅客輸送においては，イールド・マネジメント以前に「乗客1人の1航空マイル当たりの収益」を yield と呼んでいた経緯がある。また，イールド・マネジメントは1978年の米国連邦航空局による航空運賃の規制緩和によって始まったものであり，1985年のアメリカン航空による DINAMO（Dynamic Inventory Allocation and Maintenance Optimaizer）導入が本格的なイールド・マネジメントの稼働開始とされている。

10) ホテル等，宿泊業におけるイールド・マネジメントではイールドの指標として，RevPAR（Revenue Per Available Rooms：販売可能客室1室当たり売上）が用いられる。

11) これらの特徴のあるサービスの場合，イールド・マネジメントの語は，しばしばレベニュー・マネジメントと互換的に用いられる。

予約なしで直接訪れる当日客（walk-in guest）の存在も依然として無視できない。当日客は正規の料金でも宿泊してくれるので，部屋当たりの収益性向上に資する。その為，予約で全室を満室にしてしまうのは必ずしも望ましくない。では，どの位の割合の客室を当日客のために空けておくべきであろうか。

上記の課題に対し，航空会社やホテルはどのように対処するべきであろうか。とにかく供給能力を埋めて稼働率さえ上げておけば良いわけではないことは明らかである。この課題に対する解決策としてイールド・マネジメントは生み出されたものである。上記の例では，座席や部屋等，固定的で限られた供給能力を顧客セグメント毎の需要に適切に割り振ることが特に重要になることが分かるだろう。イールド・マネジメントでは，多くの場合，顧客セグメント毎の需要予測と予約タイミング別差別価格への反応度についての数式モデルが必要になる。その為，この種のモデルを組み込んだ専用のシステムやソフトウェアが用いられることになる。

第2節　サービス・コスト[12]

サービスには同時性があり，サービス・ファクトリーという決められた場所で，しばしば決められた時間にのみサービス提供が可能になることが多い。顧客は決められた時間に決められた場所までわざわざ出向く必要がある。例えば，国際線の旅客機に乗るためには，顧客は決められた時間までに（しばしば遠い）国際空港に行かねばならない。また，多くのサービスは顧客自身にとっての体験でもある（サービス・エクスペリエンス）。顧客は自身のサービス・エクスペリエンスについてさまざまな心配や不安を抱くものである。例えば，海外旅行について「旅行には行きたいが，飛行機が怖い」「治安が悪いかも」「言葉が通じないから不安」「食べ物が口に合わないかも」といった思いを抱く人も

---

12) 本節は，主に小宮路〔2011〕pp.163-166 を発展させたものである。

いるだろう。
　上記はサービスを受ける場合に，顧客がサービスの直接の対価（サービスの価格）以外にさまざまなコストを支払わねばならないことを示している。物財においてもこの種のコストは発生するが，サービスがサービス・ファクトリーにおける顧客自身の（しばしばやり直しのきかない）体験である場合には顧客にとってより強く意識されることになる。この種の知覚コスト（perceived cost）はサービス・コスト（service cost：サービス受給に際し顧客が負うコスト）と呼ばれており，サービス・コストの削減ないしトレード・オフ問題はサービスの価格を考える上で，大きな課題となっている。本節では，サービス・コストについて説明する。

1　サービス・コストとは

　顧客はサービス購入において，サービスから得られるベネフィットとサービス・コストとを比較考量している。サービス・コストにはラブロック（Lovelock, C.H.）らによると以下の6つがある[13]。

① サービスの直接の対価（purchase price）：サービスの価格。
② その他の金銭的コスト（other financial costs）：サービス受給に要する他の金銭的コスト（サービス・ファクトリーへの交通費等）。
③ 時間的コスト（time costs）：サービス受給に要する時間（サービス・ファクトリーへの往復時間も含む）。
④ 身体的コスト（physical costs）：サービス受給に伴う肉体的疲労・労苦等（サービス・ファクトリーへの往復も含む）。
⑤ 心理的コスト（psychological costs）：サービス受給に伴う心理的疲労・不安・心配等。
⑥ 感覚的コスト（sensory costs）：サービス受給に伴うマイナスの感覚（五感

---

[13] サービス・コストについてのここでの説明は，Lovelock and Wright〔1999〕に依拠している。pp.224-226 及び p.225 の Figure11.1 を参照。

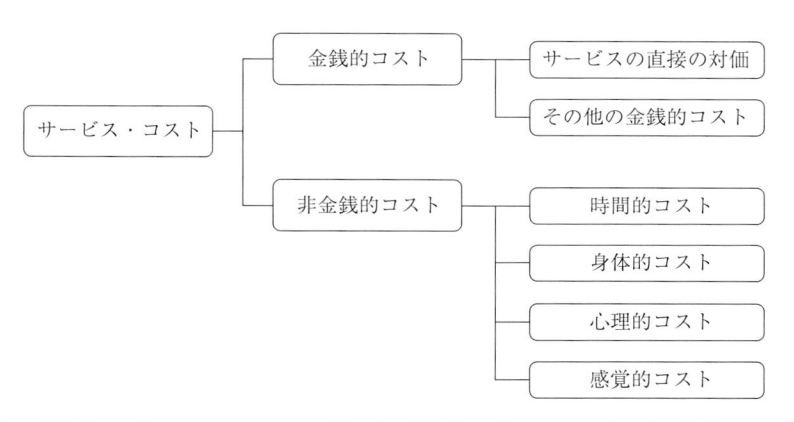

図表 4 − 1　サービス・コスト

```
サービス・コスト ─┬─ 金銭的コスト ──┬─ サービスの直接の対価
                 │                └─ その他の金銭的コスト
                 └─ 非金銭的コスト ─┬─ 時間的コスト
                                   ├─ 身体的コスト
                                   ├─ 心理的コスト
                                   └─ 感覚的コスト
```

出所：筆者作成。但し，Lovelock and Wright〔1999〕p.225, Figure11.1に依拠している。

に感じる不快な感覚等）。

　例えば，海外旅行ツアーに行く場合，旅行代金（①）と共に空港等への交通費がかかる（②），待ち時間・移動時間を要する（③），肉体的に疲れる（④），不慣れな海外旅行への不安や恐怖感がある（⑤），実際に食事が口に合わず，行き帰りの飛行機も乱気流で揺れて怖い思いをした（⑥）ということになる。サービス・コストは，①②を「サービスの金銭的コスト（financial costs）」，③〜⑥を「サービスの非金銭的コスト（nonfinancial costs）」に二分することができる（図表4−1参照）。

2　サービスの価値とサービス・コスト

　顧客が得るサービスの価値（知覚価値）は，「サービスから得られるベネフィット」と「サービス・コスト」との差（或いは比率）として評価される（知覚価値＝サービスから得られるベネフィット−サービス・コスト，或いは，知覚価値＝サービスから得られるベネフィット／サービス・コスト）。従って，サービスから得られるベネフィットを上げる以外では，各種サービス・コストについて削減を図ることが，（純価値（ネット・バリュー）としての）サービスの価値を高めることになる。単純な対応は，

サービスの直接の対価を引き下げることであろう。しかしながら，顧客がサービス・コストのどれをどのように見積もり，重みを置くかはさまざまである。直接の対価だけがいつでも問題となるわけではない。この観点で，サービス・コストの削減には，以下に示すようなバリエーションがある（図表4－2参照）。

① サービスの直接の対価を下げる（サービスの価格を下げる）。
② サービスの直接の対価はそのままにし，その他のサービス・コスト（その他の金銭的コスト及び非金銭的コスト）を下げる。
③ サービスの直接の対価とその他のサービス・コストの双方を下げる。
④ サービスの直接の対価は若干上げるが，それ以上にその他のサービス・コストを下げる。
⑤ その他のサービス・コストは若干上がるが，それ以上にサービスの直接の対価を下げる。

また，サービス・コストの中でサービスの直接の対価とその他の（特に非金銭的）コストが直接的なトレード・オフの関係になっている場合がある。例えば，国際線のビジネス・クラスに乗る人は，サービスの直接の対価よりも非金銭的コストの削減の方を重視していることになる[14]。海外旅行ツアーには行き帰りがビジネス・クラスであることを顧客への訴求点としているものもある。ビジネス・クラスの例のように，両端を対比的に言えば，①低い対価であれば対価以外の各種コストの増大は構わない顧客セグメントと②各種コストを削減

図表4－2　サービス・コストの削減

		①	②	③	④	⑤
サービス・コストの削減	サービスの直接の対価	↓	→	↓	↑	↓
	その他のサービス・コスト（その他の金銭的コスト及び非金銭的コスト）	→	↓	↓	↓	↑

出所：筆者作成。

できればより高い対価でも構わない顧客セグメントが存在するということになる。サービスの価値を高める上でこのトレード・オフは重要な要素となる。

3 結果品質と過程品質，サービス・コスト

　旅客機の場合は，「目的地に着く」という点では，どの搭乗クラスの乗客も結果として受けるサービスは言わば同一である。しかし，クラスにより言わば「サービス・エクスペリエンスで受けた扱い」が大きく異なる。これは，「サービスの結果品質（outcome quality）は同一であるが，サービスの過程品質（process quality）は異なる」と表現できよう。サービスの提供側にとっては，結果品質で差別化できない時は，過程品質での差別化を図ることになり，顧客にとっては過程品質における差異こそが選択の基準となる。ここに過程品質別のマーケット・セグメンテーションとサービス提供が成り立つ。その際に「どのサービス・コスト要素をどのように削減するか」や「サービスの直接の対価と他のコスト要素とのトレード・オフをどのように設計するか」といった問いかけが有用となる。

4 非金銭的サービス・コストのベネフィット化

　サービスの価値を高める上で「非金銭的サービス・コストのベネフィット化」も選択肢の一つとなる。例えば，海外旅行の格安ツアーは，飛行機代と宿泊費のみ（ホテル＆フライト）となっている場合が多い。この種のツアーでは，到着先の空港からホテルまでの移動やホテルのチェックイン，チェックアウト等は旅行客自身が行うことがある。また，観光や食事についてもツアーでは提供されないので，これらも旅行客が自分で工夫して観光したり，食事をしたりすることになる。不案内の海外では，言葉の問題や治安上の懸念もあり，上記

---

14) エコノミー・クラスと比較して，優先的な搭乗や手荷物の受け取り，ゆったりとした座席，グレードの高い機内食，高い機内サービス水準といった顧客の各種コストの削減に繋がるメリットがある。

にはさまざまな労苦やリスクを伴う場合がある。しかし，この種の格安ツアーを好んで利用する人にとっては，こうした労苦やリスク感も含め，自分で（時には失敗しながら）さまざま体験することが旅の楽しみの重要な構成要素となっている。

　上記は，非金銭的コストも顧客にとって常に回避すべきコストとは限らず，自分でこれらのコストに対処し体験することこそが顧客にとってのサービスの価値を生み出している場合があることを示している。ここでは，非金銭的コストはむしろサービスのベネフィットとして知覚される。サービスの多くは，顧客にとっての体験（サービス・エクスペリエンス）である。サービス・エクスペリエンスの非金銭的コスト部分を労苦やリスクと感じるか，或いは楽しみや価値と感じるか[15]。これは，非金銭的コスト部分をそのまま労苦やリスクとして提示するか（それ故，その削減が通常は訴求される），或いは楽しみや価値として提示するかというサービス提供上の基本設計の問題として捉えることができる。旅行サービスのみならず，多くのサービスで「非金銭的サービス・コストの削減－ベネフィット化」軸[16]は，サービス提供上の有用な枠組みとなるだろう。

---

15) 例えば，フル・パッケージツアー客は，言わば非金銭的コストの削減を求める顧客セグメントであり，格安ツアー客は，非金銭的コストの要素をむしろサービスのベネフィットと感じる顧客セグメントである。
16) 非金銭的サービス・コストの削減－ベネフィット化軸の中間点には，「非金銭的サービス・コストの中立化（ニュートラル）」がある。

【演習課題】

（1）TDR（東京ディズニーリゾート）のテーマパークと USJ（ユニバーサル・スタジオ・ジャパン）について，チケットの料金体系とそれぞれの内容・名称について比較検討してみよう。＊それぞれのウェブサイトに料金についての詳細な情報がある。

（2）わが国の多くの飲食店では，「包括価格－要素別価格」軸を活用してメニューの価格設定を行っている。レストランを例にメニュー提供と価格設定がどのように行われているかを調べてみよう。＊複数のレストランについて，比較検討してみると良い。

（3）包括価格に含まれていた過剰なサービス要素をなくしたり，オプションとして別料金とする（要素別価格とする）ことで，低価格サービス化ができる。長年の業界の常識になっていたサービス提供のひとまとまりを分解し，本質的なサービス（コア・サービス）提供にのみ資源を集中することで，軽量サービスと低価格を実現する。この種のサービス提供上のイノベーションの実例について，どのようなものがあるかを考察してみよう。＊更にサービスの差別化と競争戦略の観点から，考察すると良い。

（4）サービスの価値を上げるためには，①サービスから得られるベネフィットを上げる，②サービスの直接の対価を下げる，③その他のサービス・コストを下げる，といった方策がある。旅行会社の海外パッケージツアーのパンフレットを題材にこれらの諸方策がどのように訴求されているかを考察してみよう。＊複数のパンフレットについて，比較検討してみると良い。

参考文献

小宮路雅博〔2010〕「サービスの諸特性とサービス取引の諸課題」『成城大学経済研究』187号，成城大学経済学会，pp.149-178。

小宮路雅博〔2011〕「サービス・マーケティング」小宮路雅博編著『現代マーケティング総論』同文舘出版，第 11 章所収，pp.149-170。

Lovelock,C.H. and L.K.Wright〔1999〕*Principles of Service Marketing and Management*, Prentice-Hall, Inc.（訳書，小宮路雅博監訳，高畑泰・藤井大拙訳〔2002〕『サービス・マーケティング原理』白桃書房）

株式会社クラブメッド　http://www.clubmed.co.jp/

（小宮路雅博）

第5章
サービスの需給問題と需給マネジメント

　サービスには消滅性があるため，物財の場合と比較して需要と供給能力のマッチングがとりわけ困難になる。本章では，サービスの需給問題（需要と供給能力のマッチング問題）とその対処のための需給マネジメントについて説明する[1]。

第1節　サービスの基本特性と需給問題

　サービスの需給問題は直接にはサービスの持つ消滅性からもたらされるが，以下に示すようなサービス需要（service demand）とサービス供給能力（service capacity）の基本特性の乖離がこれを増幅している。

　（1）サービス需要の変動性
　サービスに対する需要は，経時的に見た場合大きく増減するのが通常である。例えば，シーズンスポーツや旅行等においては，季節や月単位での需要変動が大きい。特定の時期やイベントの際に特定のサービスに対する需要が高まることも多い。1日の中でサービス需要が大きく変動する場合もある。例えば，レストランでは，昼のランチには短い時間の間に需要が集中し，夜のディナーには昼ほど短い時間ではないがやはり需要が集中する。それ以外の時間帯では需要はさほど期待できない。同様に公共交通機関では，朝夕のラッシュの

1）本章の第1節～第3節は，小宮路〔2008〕に基づき構成されている。

時間帯に需要が非常に集中し，それ以外の時間帯は空いていることが多い。また，サービス需要の変動には，繰り返されるものが多いのも特徴である。その意味でサービス需要は「需要サイクル」を形成している。

（2）サービス供給能力の固定性
　サービスの供給能力は，固定化されている要素が多く，サービス需要の変動に対して十分に可変的ではない。例えば，ホテルの部屋数，旅客機の乗客定員数，レストランのテーブル・客席数は，需要の変動に応じて柔軟に増やしたり減らしたりすることは（時に非常に）難しい。この種のサービス提供の場・空間や装置・設備は一旦，設置されれば簡単には動かせなくなる[2]。

　サービスの需要は大きく変動するが，それに応じるべきサービスの供給能力は固定化傾向が強い。このことは，サービス提供を的確に行うことを困難なものとしている。とりわけ，サービスを受ける対象が人間である場合は，この傾向は一層顕著となる。生身の人間の持つ需要（の変動）はそう簡単にタイミングをずらしたり，平準化させたりすることは難しいからである[3]。
　こうしたサービス需要と供給能力の基本特性の乖離は，サービスの提供に特徴的な課題—サービスの需給問題—を生み出している。すなわち，多くのサービス・システムで以下のような状況が発生している。
　①　需要ピーク時に十分に対応できるよう供給能力を備えるとオフピーク時に供給能力が余りにも過剰となる。
　②　と言って，供給能力を非ピーク時に合わせるとピーク時需要に全く対応

---

[2] 人（サービス従業員）の要素は比較的可変的である。しかし，需要の変動に合わせて柔軟に人の要素を動かそうとするとフルタイムの雇用形態を維持することはしばしば困難になる。
[3] サービスを受ける対象が物財であれば，ある程度は待機させることが可能である（物品の修理サービス等）。物財であれば，タイミングをずらしたり待ったりすることは，生身の人間よりも「苦」ではないだろう。

できない。
③　結局は，供給能力をそれなりに備えることになるが，これは需要ピーク時には十分に対応しきれず，非ピーク時には供給能力が十分に稼働しないまま無駄に待機する結果となる。
④　こうして需要ピーク時には，顧客の需要に応じきれず，或いは混雑の中，顧客に労苦を強いることになる。サービス従業員も懸命に働くが供給能力を超えて殺到する需要は満たされないままである。これでは顧客のサービス・エクスペリエンスは劣悪なものとなるだろう。一方，オフピーク時は供給能力の過剰感がぬぐえない。サービス従業員も一転，時間を持て余すようになる。供給能力の過剰はサービス提供側にとって大きなコスト負担になる。

　上記の状況はそのまま放置されるべきではないだろう。サービスの需給マネジメントは，この状況を（完全な解決はできないが）緩和する上で有効である。

第2節　サービス需要の変動とサービス・システムの設計

　ここで，サービス供給能力が固定化されている一方で，サービス需要の方は変動する状況について整理しよう。需要ピーク時にはサービス需要が過剰であり，非ピーク時にはサービス供給能力が過剰である。これは更に，図表5－1のように区分することができる。

　図表5－1に見るように，固定化されたサービス供給能力に対しサービス需要が変動する時，以下の4つの状況が区分されることになる[4]。

（1）サービス需要の過剰の状況
　サービス需要が最大供給能力（maximum capacity）を超えてしまう状況である。サービスを受けられない顧客を失望させることになる。顧客は出直すか，

4）4つの状況の区分は，Lovelock and Wright〔2001〕pp.288-289に依拠している。

図表 5－1　サービス供給能力に対するサービス需要の変動

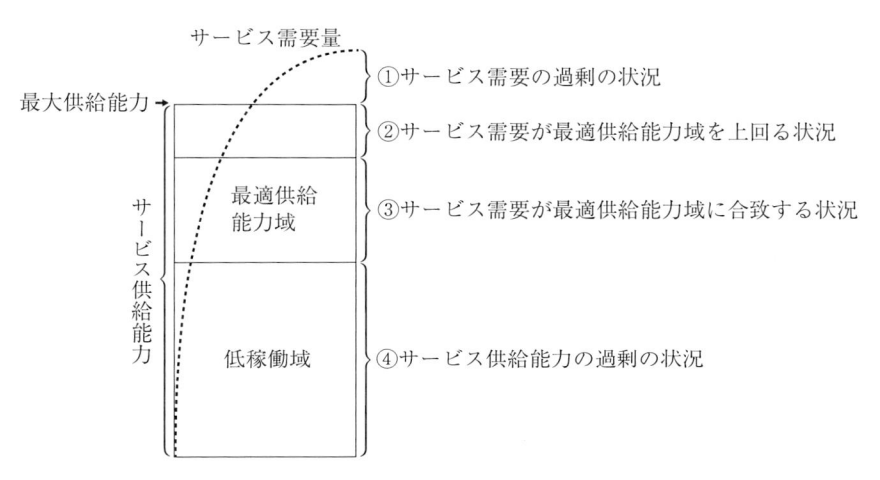

```
             サービス需要量
                    ┊
                    ┊  ①サービス需要の過剰の状況
最大供給能力→ ┌────┐┊
            │    │ ②サービス需要が最適供給能力域を上回る状況
            │最適供給│
         サ │能力域 │ ③サービス需要が最適供給能力域に合致する状況
         ー │    │
         ビ ├────┤
         ス │    │
         供 │    │
         給 │低稼働域│ ④サービス供給能力の過剰の状況
         能 │    │
         力 │    │
            └────┘
```

出所：筆者作成。但し，Lovelock and Wright〔2001〕p.289, Figure 14.1 に依拠している。

サービスそのものを諦めるか，同様のサービスを得られる他の提供者を探すことになる。或いは，状況が改善されるまで辛抱して待つ場合もある（例えば，「行列」に並ぶ）。この状況は，サービス提供側にとっては直接には機会損失であり，時に顧客を永遠に失うことにも繋がる。顧客もこうした状況に直面すれば，それなりに学習することになるからである。例えば，「どうせ混んでいるからもう行かない」「あんなに待たされるなら二度と行かない」といった事態となる。

（2）サービス需要が最適供給能力域を上回る状況

サービスの最適供給能力域（optimum capacity range）とは，サービス供給能力が十分に稼働し，かつ顧客にとってゆとりのあるサービス提供が行われている状況を言う。最大供給能力は，旅客機，レストラン，コンサート会場，教室等の座席数のように一定の数量値によって決められている場合が多い（法令により定められていることもある）。一方，最適供給能力は緩やかな範囲（域）として把

握されるものである。サービスには，最大供給能力以下であっても最適供給能力域を超えて稼働すると顧客の感じるサービス・エクスペリエンスが劣化するものが多い。例えば，旅客機のエコノミー・クラスでは満席であるよりも空席がそれなりにある方が顧客にとっては快適に感じる。これは物理的・空間的な余裕に加えて，心理的には対人距離（interpersonal distance）における親密距離（intimate distance）ないし個体距離（personal distance）を互いに保つことができるからである。満席に近づくにつれて，顧客は狭く窮屈に感じ，不快感を覚えるようになる。満席状況で顧客が互いに感じる不快感は，親密距離ないし個体距離を互いに赤の他人として侵害し合うためでもある（旅客機の旅では長時間その状態を我慢せねばならない）。一方，客室乗務員も忙しく立ち働き個々の顧客に十分に目配りができなくなる。同様のことが，レストランや教室，映画館，公共交通機関でも見出されるだろう。

（3）サービス需要が最適供給能力域に合致する状況

　サービス需要が最適供給能力域内にある状況である。サービス供給能力が十分に稼働し，かつ顧客にとってゆとりのあるサービス提供が行われる。サービス従業員もゆとりを持って個々の顧客に応対できる。顧客の感じるサービス・エクスペリエンスは満足いく心地良いものとなる。最適供給能力域には上限と下限とがある。サービス需要が最適供給能力域の上限を超えると，顧客は次第に混雑や窮屈さ，不快を感じるようになる。従業員も仕事が忙しくなる。顧客の感じるサービス・エクスペリエンスは徐々に劣化していく。最大供給能力へと近づいていくにつれて，この状況はますます悪くなるだろう。一方，サービス需要が最適供給能力域の下限を下回ると今度は別の意味での劣化が始まる。サービスには賑わいや他の顧客（顧客達）とのインタラクションが構成要素となっているものも多いからである。例えば，閑散としたテーマパークや人のいない寂しい遊園地で十分に楽しめるだろうか。ディナーの時間帯なのに空席だらけのレストランはどうだろうか。また，顧客は個々の気配りも求めているが，同時に「放っておいてもらいたい」ものでもある。顧客の数が少ないと

サービス従業員の気配りが，顧客にとっては煩わしく思えてくることもある。従業員にいつも見られている（監視されている）ように感じたり，多数の顧客の中に埋没する心地良さや匿名性が剥ぎ取られていくように感じたりもする。

（4）サービス供給能力の過剰の状況

サービス需要が最適供給能力域の下限を下回るとサービス供給能力は低稼働域へと入る。低稼働域ではサービス供給能力の過剰感が目立つようになる。更にサービス需要が少なくなると供給能力は殆ど稼働しなくなる。究極には顧客が誰もいない状態となる。低稼働域では，サービス従業員は何か仕事を見つけてなるべく立ち動くようにすることも多い。しかし，閑散とした（或いは顧客が誰もいない）状態は，顧客に根本的な疑念を生じさせる。例えば，ディナーの時間帯なのに誰もお客のいないレストランはどうだろうか。「妥当な値段で美味しい食事」を期待できるだろうか。この状況では，お客のいない状態が再生産されるばかりである。もちろん，サービス供給能力の過剰の状況になるのは，需要サイクル上で低需要の時期・時間帯であるのかもしれない。サービス提供側にとっては，低需要に合わせてサービス供給能力を絞りたいところである。しかし，供給能力には固定化されている要素も多いことは既に見た通りである。

上記において，サービス供給能力の最大供給能力と最適供給能力域とを区別することが必要である。需要と供給能力とを合致させて最大供給能力でいつでも稼働させようとすることは，現実には顧客のサービス・エクスペリエンスからみて必ずしも適切ではない。最大供給能力では，サービス・エクスペリエンスが劣化することは日常的にも感じられるだろう。例えば，満席のエコノミー・クラス，満席のレストラン，満席の教室ではゆとりがなく窮屈に感じることが多い。サービス従業員の目もなかなか行き届かない。最大供給能力で稼働しているということは，サービスを受けられない顧客はいないが，「顧客全員がサービス・エクスペリエンスの劣化を感じつつそれなりに我慢している」

状態であると考えるべきである。

　一方，国際線のファースト・クラスでは満席でもそれほどはエクスペリエンスの劣化を感じない。高級レストランの中にはたとえ満席でもゆったりとしていささかも良好なサービス・エクスペリエンスを損なわないものもある。こうした場合には，「サービス需要が最大供給能力を超えてしまう状況」（図表5－1の①）はあっても，「サービス需要が最適供給能力域を上回る状況」（図表5－1の②）は存在しないことになる。サービスの最大供給能力がそのまま最適供給能力域の上限を形成しているわけである（図表5－2参照）。

　結局のところ，最大供給能力と最適供給能力域とが乖離しているのは，サービス提供側に課せられているコスト圧力によるものである。客単価ではなく，顧客の数と回転数によって必要な売上高を得ようとする（得ざるを得ない）時，「サービス需要が最大供給能力を超えないが最適供給能力域を上回る状況」が存在することになる。つまり，このサービス・システムにおいては，設計（デザイン）上，最大供給能力が本来の水準よりも「水増し」されて設定されていることを意味

図表5－2　サービスの最大供給能力が最適供給能力域の上限を形成するケース

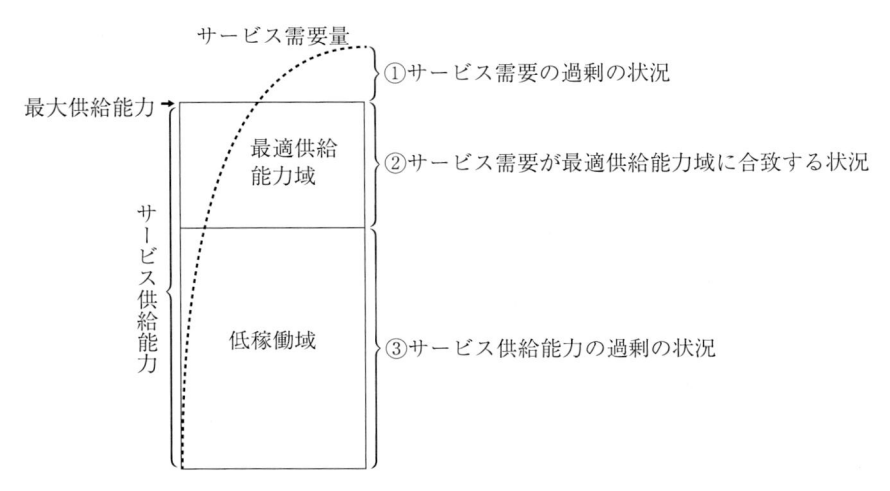

```
                    サービス需要量
                          ↓
         ┌──────────────┐ ┐①サービス需要の過剰の状況
最大供給能力→├──────────────┤
         │  最適供給   │ ┐
         │   能力域    │ ├②サービス需要が最適供給能力域に合致する状況
  サ      ├──────────────┤ ┘
  ー      │              │
  ビ      │              │
  ス      │              │
  供      │   低稼働域   │ ┐③サービス供給能力の過剰の状況
  給      │              │ ┘
  能      │              │
  力      │              │
         └──────────────┘
```

出所：筆者作成。但し，Lovelock and Wright〔2001〕p.289, Figure 14.1に着想を得ている。

する。こうしたサービス・システム（図表5-1の状況）は，さまざまなサービスで見出され，普通の人々に安価なサービスを同時に提供することを前提とすれば，むしろ一般的であると言えるだろう。しかし，コスト圧力故にたとえ最大供給能力と最適供給能力域の乖離の状況を解消できないにしても，自身の採用するサービス・システムにおいては，最大供給能力が「水増し」設定されていることは明確に意識されるべきである。

　一方，最大供給能力が最適供給能力域の上限を形成する場合（図表5-2の状況）においては，顧客ターゲットを絞り込み，客単価を非常に高く設定することで，少ない人数の顧客でゆったりとサービス・システムが稼働するように設計されていることがある。例えば，1日限定何組というように顧客数を少なく絞り込んだ高級旅館があるが，これは最大供給能力がそのまま最適供給能力となるように設計がなされていることになる。また，別のケースとしてコンサートやスポーツ・イベントの中には，図表5-2の状況が望ましいものもあるだろう。ロック・コンサートや音楽ライブ等は満席（最大供給能力）の方が出演者の「テンション」が上がり，観客も一体になって盛り上がることができる。熱狂的な一体感が会場全体を支配し，観客（と出演者）の満足を大いに高めることになる。熱狂的な一体感を求めてこの種のイベントに足を運ぶ観客も多いだろう。しかしながら，一体感と熱狂が会場全体を支配することが求められるようなサービスはそれほど種類が多いわけではない。

　図表5-1，5-2はシンプルであるが，需給問題の観点からサービス・システムを考える有用な枠組みとなっている。殆どのサービス提供者が図表5-1のままにサービス・システムを設計しているが，「最大供給能力と最適供給能力域との乖離」をいかにして解消して「最大供給能力が最適供給能力域の上限を形成する」（図表5-2の状況への転換）にはどうしたら良いかが，より追求されてしかるべきである。

第3節　サービス需要の理解 −需要サイクル−

1　サービスの需要サイクル

　サービス需要は変動することが多い。変動はランダムな場合もあるが，多くのサービスにおいて需要サイクル（demand cycle）を見出すことができる。需要サイクルは次の2つの観点で理解される。

（1）時間幅による需要サイクル

　需要サイクルは経時的なものである。時間に着目すると，時間帯，曜日，季節の3つの単位でのサイクルがある。殆どのサービスで，需要サイクルとは，3つの単位需要サイクルが合成されたものであり，合成の結果，全体需要サイクルができ上がっている。例えば，学生街のレストランでは，ランチの時間とディナーの時間が需要ピークとなり（時間帯），平日には顧客が多く土日は少なく（曜日），学期中は顧客が多く休み期間は少ない（季節）だろう。このレストランが直面する全体需要サイクルは，上記の3つの単位需要サイクルが複合したものとなる。

（2）顧客セグメント毎の需要サイクル

　サービスには，複数の異なる顧客セグメントによって需要が形成されているものも多い。ここには，当該サービスの顧客ミックスと呼べるものが存在するが，顧客セグメント毎の需要変動が合成されて全体としての複合的な需要サイクルが形成されている。従って，ここにも単位需要サイクルと全体需要サイクルとが存在する（もちろん，サービス需要が単純に一種類の顧客セグメントから形成される場合は，この区分は不要である）。顧客セグメント毎に波形の異なる単位需要サイクルがある。例えば，航空旅客輸送に対する全体需要サイクルは，ビジネス，観光，帰省や親族訪問の各単位需要サイクルに加えて，単発的なイベント等に対する需要が合成されたものである。

サービス需要の需要サイクルは，全体需要サイクルと単位需要サイクルとに分けて考えることができる。単位需要サイクルはそれぞれ時間幅（周期）が異なり，ピークと非ピークがどこに形成されるのかにおいても差異がある。単位需要サイクルに分解して分析することで，全体の需要変動の動きがより把握し易くなるだろう。

2　顧客のサービス利用状況と需要サイクル

サービス需要の変動が，単位需要サイクルが合成された全体需要サイクルにランダムな要因が加わって生み出されている場合も多い。このような需要変動をそのまま理解するのは困難である。単位需要サイクルを抽出する必要がある。その為には，時間幅による単位需要サイクルに加え，顧客セグメント単位のサービス利用状況を捕捉せねばならない。これには，次の2つの対比的状況を区別する必要があるだろう。

（1）匿名の顧客が離散的取引を繰り返す状況

この場合は，基本的には顧客数だけが捕捉される。どのような顧客がいつどのようにサービスを利用しているかは分からない。全体需要サイクルと時間幅による単位需要サイクルは見出すことはできるだろうが，顧客セグメント毎の単位需要サイクルはどのようになっているかは不明である。しかしながら，実際には，サービス提供側は経験を通じて，顧客セグメント毎の単位需要サイクルについて一定の印象や見解を持っているものである。印象や見解に加えて，スナップショット的な調査を行い需要変動の実態についてなるべく把握しようとする努力も行われる。

（2）非匿名の顧客がメンバーシップに基づく取引を行う状況

この場合は，基本的にどの顧客がいつどのようにサービスを利用しているかが捕捉される。例えば，会員制のスポーツクラブでは会員の利用状況は明白である。こうした場合は，会員顧客のプロフィールに基づいて顧客を分類でき，

分類毎の単位需要サイクルが抽出可能となる。例えば，会員のデモグラフィック・データ（性別，年齢別データ等）や個人会員・家族会員・企業会員等のメンバーシップの種類毎に単位需要サイクルを検討できる。この場合においては，利用状況が記録され，サービス需要分析に有用なようにシステムを工夫することが求められる。すなわち，サービス需要ログ（service demand log）が必要な時に適切な形と集計水準で得られるようにすることである。

実際には，多くのサービスにおいて上記の（1）（2）の間で状況が動いているだろう。つまり，サービス需要のある部分は捕捉でき，ある部分は不明のままである。殆どの顧客が匿名のまま離散的取引を繰り返しているようなサービスにおいては，顧客を捕捉するための仕組みを導入することも検討される。メンバーシップに基づくサービスが馴染まない場合でも，FUP[5]を工夫することで顧客の利用状況がある程度は把握できるようになる。

第4節　サービスの需給マネジメント

サービスの需給マネジメントとは，サービスの需要と供給能力の乖離をなるべく近づけるよう努力し，需給マッチングを図ることである。これには，基本的に以下の2つの側面がある。
　① サービスの需要マネジメント：サービス需要をあるがままに放置せず，

---

5) FUP（frequent user program）は本来，再度のサービス利用や利用頻度を高めるためのプロモーション・プログラムである。この点でロイヤルティ・プログラムやロイヤルティ・スキームといった表現もなされる。航空会社，ホテル，レンタカー，流通業等の分野で導入されている。航空会社においてはFFP（frequent flyer program），小売業においてはFSP（frequent shopper program）と呼んでいる。サービスの需要マネジメントの観点では，顧客の利用状況を把握する機能を持っている。「○○クラブ」といった名称が付けられることも多いが（例えば，航空会社の場合は「マイレッジ・クラブ」等），「クラブ」の名称は，サービス提供にメンバーシップの要素を導入しようとする意図を端的に示している。

コントロールすべき対象として考えることである。サービス需要についての理解を深め，コントロールすることが図られる。端的には需要変動の緩和が工夫される。

② サービスの供給能力マネジメント：サービス供給能力をあるがままに放置せず，コントロールすべき対象として考えることである。サービス供給能力についての理解を深め，需要変動に対応してコントロールすることが図られる。端的には供給能力の固定性の緩和（可変性の向上）が工夫される。

以下，それぞれ説明する[6]。

1　サービスの需要マネジメント

サービスの需要マネジメントは，基本的には全体需要サイクルを左右する主要な単位需要サイクルを対象にして行われる。効率と効果の観点からすれば，全ての単位需要サイクルを対象とする必要はない（そもそも全ての単位需要サイクルを十分に識別できるわけでもない）。

先ず，主要な単位需要サイクルについて，需要サイクルの発生する理由が分析される。生身の人間を対象にするサービスでは，生理的な理由や社会慣習上の理由から需要サイクルが生じていることが殆どである。例えば，レストランの直面する1日の需要サイクルにおいて，ランチタイムとディナータイムに需要ピークが存在することは，食事の回数と時間が社会慣習により長年に渡り固定化されていることによるものである。この種の需要ピークを大きくずらしたり，平準化したりすることは非常に困難である。それでも，以下に挙げるような変動性緩和のための幾つかの工夫をすることができる。

① 需要が過剰な時は需要減少を図り，過少な時は需要拡大を図る。これは多くの場合，価格（サービスの対価）による直接的な需要誘導によってなされる（時期別・時間帯別差別価格）。需要減少は，単に減少を図る[7]ことから，

---

6) 以下は，小宮路〔2011〕pp.168-170 に基づき構成されている。

需要を他のタイミングに移行することや他のタイミングに別の需要の山を創り出すことでなされる[8]。これは，非ピーク時の需要拡大を図ることでもある。非ピーク時の需要拡大は，サービス提供のバリエーションを増やす等の方策もとられる。

② 需要ピーク時の需要の質を誘導し（通常は多様性が削減される），サービス供給能力の方を相対的に高めることも工夫される。例えば，カジュアルなレストランではランチタイムにはグランドメニューではなく少数のセットメニューだけの提供となっていることがある。これは少数のセットメニューに誘導することで，需要を均質化して供給能力を高める方策である[9]。

③ 予約システム（reservation system）によって事前コントロールを行い需要の平準化を図る。予約は予め需要を確定し，需要変動の不確実性を削減するのに有用である。過剰な需要の減少を図ることができ，非ピーク時への誘導も同時に行うことができる[10]。

④ 行列システム（queuing system）によってピーク時の過剰な需要の保持と秩序化を図る。行列（待ち行列[11]）は，過剰な需要の言わば水際的なコン

---

7) 例えば，顧客が需要ピーク時にサービスを利用することのデメリットを強調し，需要の削減を図る。需要ピーク時には混雑すること，待たされることを強調し，少し早く来てもらうことや予約をしてもらう方が快適であることを告知して，顧客が需要ピーク時をずらしてサービスを利用することを促進する。これは，消極的な方策であるが，それなりの効果を見込めるだろう。
8) 例えば，レストランでは，ブランチタイム，ティータイム，サパータイムといった時間帯の需要開拓を図ることが挙げられる。価格面での誘導やそれぞれにふさわしいサービス（セットメニュー等）を提供することが必要である。
9) 来店客がメニューを選ぶ時間，調理の手間と時間，料理のサーブの手間と時間，勘定支払いの手間と時間を効率化・短縮化できる。
10) 航空旅客輸送やホテル等，サービスの供給能力の固定性が高いビジネスでは，価格への反応度や予約時期の異なるさまざまな顧客セグメントの需要にどのように応えていくかが重要となる。こうしたサービスでは，予約システムと連動して，イールド・マネジメント（yield management）も導入される。

トロールの方策である。需要を一時的に待機させて、需要保持を図ることができる。行列には需要保持機能があるが、顧客にとってはサービス受給の順番保証としての機能が重要である。従って、行列には公正さと秩序が求められ、この確保はサービス提供側が行うべきである。

2　サービスの供給能力マネジメント

サービスの供給能力マネジメントでは、端的には固定性の緩和が工夫される。この工夫には例えば、以下が挙げられる。

① 固定性の緩和は、先ずは人の要素に関して行われる。サービス提供の場・空間や装置・設備は一旦、設置されれば簡単には動かせなくなるが、人（サービス従業員）の要素は比較的可変的である。具体的にはパート従業員等の活用により、需要ピーク時に供給能力を一時的に向上させることができる。

② 最大収容定員を増やすことで、需要ピーク時の供給効率を一時的に高める（サービス・ファクトリーの全体供給能力は最大収容定員×顧客の回転率である）。例えば、JRでは通勤ラッシュ時には座席を収納できる車両を導入しているし、観光バスでは補助イスを装備して急な需要拡大に対処している。ホテルの部屋でもエクストラベッドが準備されることがある。

③ 顧客の回転率を上げることで、需要ピーク時の供給効率を一時的に高める。例えば、ランチタイムのレストランにおいては、オーダー取りや料理のサーブ、空いた皿の片付け、会計伝票の提示等を迅速かつタイミング良く行うようにすることで、来店客が不必要に長居しないように工夫するこ

---

11) 生産・加工、処理・処置、サービス提供等において、物品、物質、人、乗り物、その他の物理的存在、或いは無形物が順番を待ち、列をつくることがある。これを待ち行列（queue；waiting line）と呼ぶ。待ち行列の表現は整然とした行列だけが想起されるが、いわゆる「渋滞」状態や概念上の順番待ちの行列でも構わない。待ち行列の問題は、OR（operations research）の古典的な課題であり、典型的にはサービス提供の分野の問題として理解されるのが通常である。

とができる。顧客の回転率を上げることは，しばしばサービス提供時間を縮小することを意味する。単純に縮小すると顧客のサービス・エクスペリエンスを損なうことになるので，サービス提供時間のどの部分を縮小・削減するかが課題となる。通常は，上記の例のように補足的なサービス要素（多くは促進型の補足的サービス要素）の縮減が先ず工夫されることになる。その一方で，コア・サービス部分（この場合は食事）の時間の単純な短縮に繋がらないように十分に配慮せねばならない。

④ サービス提供の時間単位をコントロールする。サービス提供を受ける時間単位を顧客任せにすると供給能力が長時間占有されてしまう場合がある。これを回避することも供給能力の向上に繋がる。例えば，映画館では需要過剰時には完全入替制を実施し，食べ放題等で人気のレストランでは時間制限が設けられる。

⑤ 供給能力の一部を顧客に担ってもらう。例えば，多くのリゾートホテルでは朝食はセルフ・サービス方式となっている。この場合は，顧客の側にサービス・スクリプトと自身の役割に対する理解が求められる。

【演習課題】

(1) サービス需要の変動性とサービス供給能力の固定性について，①スポーツクラブ，②海外旅行，③大学の授業を例に整理してみよう。
(2) TDR（東京ディズニーリゾート）のテーマパークについて，アトラクションの予約システム（ファストパス）の仕組みについて調べてみよう。＊USJ（ユニバーサル・スタジオ・ジャパン）のアトラクションの予約の仕組みと比較すると興味深い。
(3) 「ビジネス街の近くにあるAレストランは，味が良く評判が良かった。特に昼のランチタイムには，周辺から会社勤めの人達が多く訪れ，時にはちょっとした行列ができることもあった。最近は，地元の情報誌で取り上げられたこともあり，主婦のグループがちらほら混じるようになった。主婦達はやはり周辺の住宅地から来ているようである。ところが，このグループが来たことで昼のランチタイムの混雑度が上がり，行列ができることが前よりも多くなり，時間のない会社勤めの人達から不満の声が上がるようになってしまった…」。このレストランのランチタイムで起きている状況を本章の記述に基づき整理し，どのようにすれば解決できるかを検討してみよう。

参考文献

小宮路雅博〔2008〕「サービスの需給問題と需要マネジメント」『茨城大学人文学部紀要社会科学論集』45号，茨城大学人文学部，pp.97-106。

小宮路雅博〔2011〕「サービス・マーケティング」小宮路雅博編著『現代マーケティング総論』同文舘出版，第11章所収，pp. 149-170。

Lovelock, C.H. and L.K.Wright 〔1999〕 *Principles of Service Marketing and Management*, Prentice-Hall, Inc.（訳書，小宮路雅博監訳，高畑泰・藤井大拙訳〔2002〕『サービス・マーケティング原理』白桃書房）

Lovelock, C.H. and L.K.Wright 〔2001〕 *Principles of Service Marketing and Management*, 2nd ed., Prentice-Hall, Inc.

（小宮路雅博）

第6章
サービスのプロモーションとエデュケーション

　本章では，サービスのプロモーションに関わる諸課題と諸ツールについて説明する。また，サービスにおけるプロモーションにはサービス・エデュケーションという要素が加わる。サービス・エデュケーションの主要目的は，サービス・システムにおけるサービス・スクリプトを顧客（及びサービス従業員）に伝え，理解させることである。サービス・エデュケーションについても説明する。

第1節　サービス提供におけるプロモーション課題

　プロモーション（promotion）は，顧客（及び見込み顧客）に製品やサービスについての情報を提供し，その購入を促す（説得する）諸活動である。サービス提供におけるプロモーションについては，サービスの持つ特性とそこから要求される特徴的なマネジメント課題への対応を十分に考慮せねばならない。本節では，さまざまなサービス特性の中からサービス・プロモーション（service promotion）に特に影響を与える①無形性，②探索属性の低さ，③サービス従業員の重要性の3点を取り上げ，それぞれに対する対応について説明する。

1　無形性への対応
　サービス提供組織（サービスを提供する企業や非営利組織等）がプロモーション活動を行う場合に，先ず考慮しなければならないのは無形性というサービス特性である。サービスは本質的に無形の活動・行為・パフォーマンスであるため，

物財と比較してそのベネフィットを伝えることが難しい。

　ここでは印刷広告を考えてみよう。工業製品等，物財の場合は，取引対象である製品そのものをビジュアル（写真やイラスト）によって表示することが可能であり，通常そうしたことは当然のように行われる。例えば，自動車であれば，車体のデザインを直接的にビジュアルで訴えかけることができる。また，ビジュアルにおいてその製品の利用状況等を表現に含めることによって，ターゲット・オーディエンス（target audience）[1]にその製品の使用イメージを持ってもらうことも可能である。自動車の場合なら，その利用状況として例えば，若い夫婦と小さな子供が楽しそうにレジャーに出かけている様子を表現することで，同様のターゲット層に訴求することができる。一方，サービスの場合は，無形であるが故に提供されるサービスそのものをビジュアルで表現することが基本的に不可能である。また，サービスのベネフィットはサービス・システムを構成する複数の要素が組み合わさって生み出されることも多く，それらを的確に伝えることは困難である。例えば，レストランの場合，「居心地の良さ」という目に見えないサービス・エクスペリエンスを印刷広告で直接的に伝えることは容易ではない。この種の居心地の良さは，サービス従業員（CP：contact personnel）の接客を始めとして，内装や備品・調度品，照明，音楽（BGM），空調等，さまざまな要素が組み合わさって生み出されている（サービススケープ：servicescape）。こうした諸要素からなる居心地の良さを印刷広告で表現するのは難しいだろう。

　無形の活動・行為・パフォーマンスであるサービスをプロモーションする場合，例えば，以下のように広告表現を工夫する必要がある。

---

[1] ターゲット・オーディエンスは，メッセージの対象となる受け手を指す。財（製品やサービス）の使用者・利用者や購入者，或いは購入の意思決定への関与者（例えば，家族等）がターゲット・オーディエンスとなる。

（1）サービスの可視化

サービスを表現する場合に良く用いられる方法は，サービス提供に伴う有形要素をなるべく取り入れるというものである。一般にサービス提供に伴う有形要素が少なければ少ないほど，数少ない有形要素を広告表現に取り入れようとすることが多い。例えば，美容院の印刷広告では，カットモデルによるヘアスタイルの例を載せることもあるが，店内の様子（視覚面でのサービススケープ）や美容師等をビジュアルとして用いることも多い[2]。或いは，ホテルのリーフレットには，そのホテルの外観や客室に加えて，近隣の観光名所の写真等が載せられることも多い。

無形性が非常に高いサービスにおいて，有形要素を積極的に取り入れた広告の好例としては，MasterCard の「プライスレス」キャンペーンが挙げられる。長期間に渡って続けられているこのキャンペーンでは，趣味や家族との関係等の特定の状況下でカードで購入できる具体的な製品とその価格を並べて，それらの製品を購入することから得られる総合的な価値，すなわち「金銭に代え難い＝プライスレス」な価値を強調することによって，MasterCard の提供しているサービスのベネフィットを効果的に表現している[3]。

（2）イメージを創り上げる

サービスに伴う有形要素を提示することは，サービスをプロモーションする上で非常に有効であるが，これとは逆に徹底的にイメージ訴求を行うやり方もある。例えば，保険会社の商品（保険商品）は通常は複雑であり，広告でコン

2）ヘアスタイルの例は，サービスの結果品質の例示に当たり，店内の様子や美容師等のビジュアルは過程品質の間接的な提示となっている。

3）MasterCard は，MasterCard WorldWide が提供するクレジットカードのサービス・ブランドである（他に店舗での決済サービスの MasterCard PayPass，インターネット決済サービスの MasterCard SecureCode 等のサービスがある）。プライスレス・キャンペーンは，MasterCard で購入できる製品等を金額と共に列挙した後，それらの製品を購入することから得られる総合的な価値を示して，「プライスレス」と表現するものである。このキャンペーンは，MasterCard PayPass についても行われている。

パクトに説明するのは難しい。その為，保険会社は広告キャンペーンにおいて，具体的な商品内容の説明はせずにイメージ訴求に留めることも多い。例えば，Aflac（アメリカンファミリー生命保険会社）ではアヒル（アフラックダック）をイメージ・キャラクターとして定着させ，提供する保険商品のイメージ上の優しさや親近感，安心感をうまく表現している[4]。

2 探索属性の低さへの対応

　探索属性（search attributes）が低いこともサービスの特性の一つである。これは，経験属性（experience attributes）や信頼属性（credence attributes）が相対的に高いことを意味する。顧客は，購入前にそのサービスについての評価が困難であり，顧客にとってはサービスの購入にリスクが伴う。リスクの高さは，主にその顧客の支払うコスト（サービス・コスト）の高さによる。従って，顧客の支払うコストが高いサービスでは特に探索属性の低さへの対応が必要である。

　サービスの探索属性を高めるための方法の一つにサービス・プレビュー（service preview）がある。これは，提供されるサービスがどのようなものであるかを事前に顧客に示すためのデモンストレーションを言う。また，継続的なサービス提供においては，顧客の金銭的コストを抑えつつ，リスクを低減させるために一般に「無料体験」や「初回限定○○円」といった提供方法がとられる。

　有形要素の効果的な提示もまた探索属性の低さを補う。レストランの外観やスポーツクラブのフロント等は，サービス・ファクトリーを訪れた見込み顧客にとっては有力な情報源（外在的手がかり）である。また，サービス従業員の資格や受賞歴，経歴等をサービス・ファクトリーの入り口や内部に掲示することも良くなされる。サービスがどのようなものであるかを示すこの種の有形要素はフィジカル・エビデンス（physical evidence：物的証拠）と呼ばれる。また，レ

---

4) わが国では，2009年以降，日本オリジナルのプロモーションとして，アヒルと共に猫も登場する「まねきねこダック」がキャラクターとなっている。

ストラン等が新聞や雑誌で取り上げられた記事を店外・店内に掲示することも多い。これは，第三者による保証という「証拠（エビデンス）」を示すことによって，顧客のリスクを低減させることが目的の一つとなっている[5]。

3　サービス従業員の重要性

　サービスのプロモーションにおいては，フロントステージで顧客と直接に接するサービス従業員（CP）の役割が重要となる。サービス従業員は，サービス・システムにおいて直接のサービス提供業務の他に，更に2つの異なる役割を同時に担っている。すなわち，サービス従業員は，サービス・システムにおける主要なフィジカル・エビデンスの一つであり，またセールスパーソン（営業担当者）でもある。顧客とサービス従業員との直接の関わりが多いサービス（ハイ・コンタクトなサービス）においては，この2つの役割の遂行と調和が特に重要となってくる。

（1）フィジカル・エビデンスとしてのサービス従業員
　サービス従業員の持つ姿かたちや雰囲気が提供サービスに対する評価を左右する場合も多い。サービス従業員が提供サービスそのものを体現していることもある。サービス従業員の表情や立ち振る舞い，言葉遣いも評価に直接の影響を与える。その為，優れたサービス従業員は広告やパンフレット等のビジュアルとしても利用することができる。サービス従業員の接客の様子を広告上に表

---

[5] 受賞歴や雑誌への掲載といったこれらの証拠は提供サービスに探索属性を付加するだけではなく，リピーター顧客に対しても，そのサービス利用行動を肯定し，認知的不協和（cognitive dissonance）を低減する効果を持つ。認知的不協和は，人の持つ諸認知の間に不協和な関係が存在することを言う（この場合，現にリピーターとして当該サービスを利用しているという事実と他にもっと良いサービスを得られるところがあるのではという気持ちは不協和な関係である）。人はこの不協和を不快と感じるので，何らかの方法で不協和を低減し，より協和的関係とするよう動機付けられる（当該サービスの利用を受賞歴や雑誌への掲載という形で第三者が積極的に肯定してくれるので，不協和低減の効果がある）。

現することは良く用いられる手段である。接客の様子が具体的に表現されていれば、顧客は当該サービスを理解し易くなる。

（2）セールスパーソンとしてのサービス従業員
　サービス従業員はセールスパーソンとしての役割も果たしている。サービス提供の中で顧客のニーズをより深く知ることによって、その顧客により適したサービスを紹介したり、オプションを追加する等の的確な提案をすることができる。顧客に適したサービスを提供することでオペレーション上の無駄を省き、顧客満足を向上させることができる。オプションの追加はマーケティング上、客単価を引き上げることにも繋がる。また、それぞれの顧客に適したサービスの選択やカスタマイズの過程で、顧客がサービス内容と果たすべき役割、顧客スクリプトをより深く理解することになる。これは、サービス提供の生産性を高めることにもなる。

　顧客と直接に接するサービス従業員はサービスの品質（クオリティ）を左右する存在であるが、職位上はサービス提供組織の末端に位置付けられている場合が多い。この点で、サービス従業員とのインターナル・コミュニケーション（internal communication）[6]もマネジメントする側にとって非常に重要な課題である。サービス従業員と常にコミュニケート可能な体制作りが求められる。サービス従業員は、そのサービス事業のミッション（使命）や組織文化、或いはブランド・イメージについて十分に理解している必要がある。
　従業員満足（employee satisfaction：ES）が顧客満足（customer satisfaction：CS）に繋がることもしばしば指摘される（サービス・プロフィット・チェーン）。その為、常にサービス従業員の不満を吸い上げて、それらの不満を解消し、更に

---

[6] インターナル・コミュニケーションは、組織内部におけるコミュニケーションを指す。これに対し、外部に対するコミュニケーションをエクスターナル・コミュニケーション（external communication）と呼ぶ。広告等、顧客に対して行われる各種のプロモーション活動は典型的なエクスターナル・コミュニケーションである。

サービス従業員の満足度を上げるように改善していく必要がある（内部品質の向上）。組織が大きくなればなるほど組織内の風通しが悪くなる傾向があるため，企業組織の拡大に伴ってサービス従業員とのコミュニケーションを意識的に行う必要がある。

　広告は通常，顧客や見込み顧客をターゲットとして行われるものであるが，実際にはその他のステークホルダーへも少なからず影響を与える。しばしば，サービス従業員も広告を通して自身の属するサービス提供組織のイメージを自分の中に創り上げる。広告を通してサービス従業員は自分の提供しているサービスの本質が何であるのかを再認識することができるという側面もある。優れたサービス従業員の接客の様子を広告上に表現することは，他の多くのサービス従業員に対してのインターナル・コミュニケーションの機能も持っているわけである。

第2節　サービス・プロモーションの諸ツール

　サービス・プロモーションのツールにはさまざまなものがある（図表6－1参照）。サービスの提供においては，これらのツールを適宜組み合わせて，最適なプロモーション・ミックスを策定しなければならない。物財のプロモーションと同じツール[7]であっても，サービスに特徴的な用い方やマネジメント方法が必要になる場合がある。以下，各ツールについて簡単に紹介する。

（1）人的販売
　サービスにおける人的販売（personal selling）は，提供するサービスについて説明し，顧客の購入の意思決定を促して，実際に購入してもらう諸活動であ

7）物財のプロモーション要素（プロモーション・ミックス）には，通常，①人的販売，②広告，③SP，④パブリシティが含まれる。また，パブリシティに替え，或いは追加して⑤PRがしばしば加えられる。高畑〔2011〕pp.78-84も参照されたい。

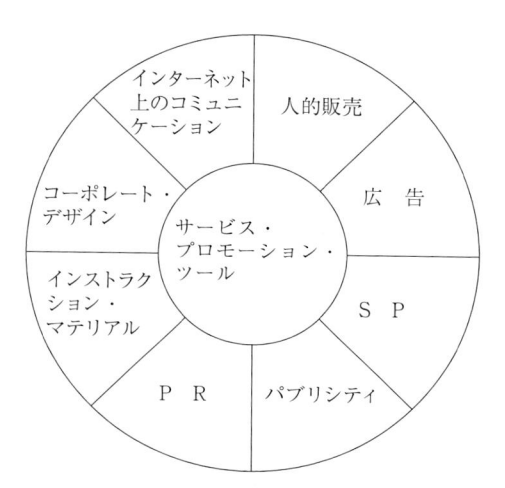

図表 6 − 1　サービス・プロモーションの諸ツール

（図：サービス・プロモーション・ツールを中心に、人的販売、広告、SP、パブリシティ、PR、インストラクション・マテリアル、コーポレート・デザイン、インターネット上のコミュニケーションの8つが円環状に配置）

出所：筆者作成。

る。前述のように顧客と直接に接するサービス従業員はセールスパーソンとしての役割を果たすため，多くの場合，人的販売の主要な担い手となっている。サービス従業員がこの役割を十分に果たすためには，サービス従業員−顧客間の良好な関係性の構築と維持がしばしば求められる。信頼あるサービス従業員の言葉には顧客は十分に耳を傾ける。顧客のためになるような新規サービスや追加サービスをサービス従業員が提示できるならば，それは顧客満足を確保しつつ客単価を上げることにも繋がり，非常に有効な営業活動となり得る。

　また，顧客にとって理解が容易ではない複雑なサービスや馴染みのないサービスの場合，サービス従業員は一方的な働きかけだけでなく，顧客との双方向的な人的コミュニケーション（personal communication）の関係を築くことが特に重要となる。例えば，顧客は不明な点についてサービス従業員に直接，確認したい意向を持つ。これは，人対人のインタラクティブなやり取りの中で不明点や疑問点を一つひとつ確かめた方が顧客にとっては確実で楽であるためである。サービス従業員が顧客の疑問に的確に答え（或いは顧客の疑問を積極的・効果

的に引き出しつつ），当該サービスについて分かり易く説明できれば，サービス従業員，更にはサービス提供組織に対する顧客の信頼感を高めることができる。

（2）広　告

広告（advertising）は，メディア（media：媒体）を通じて行われる非人的プロモーションである。広告は，物財のマーケティングにおいて非常に重要なプロモーション・ツールとなっているが，これはサービスにおいても同様である。サービスのプロモーションにおいて，広告を用いる場合，先に述べたようにサービスの「無形性」を始めとする諸特性を十分に意識しなければならない。

（3）SP

SP（sales promotion：販売促進）の手法は多岐に渡る。大別して，①割引クーポンの提供や値引き等の価格面で顧客に訴えるもの（価格型SP）と②プレミアム（premium：景品類）やノベルティ（novelty）[8]の提供等，価格以外の面で顧客に訴えるもの（非価格型SP）とに分けられる。いずれも顧客の購買行動に直接の刺激を与えるのが目的となっている。

サービスにおけるSPに関わる特徴的な課題としては，サービスの価格設定の体系の明確化の必要性を挙げることができる。サービスの価格設定はサービスの提供単位が複数あったり，各種の差別価格設定が入り混じっていたりして，複雑になりがちであり，顧客にSPのメリットがダイレクトに伝わりにくい傾向がある。例えば，「入会金無料」「値引き・割引」「時間延長」或いは「オプション無料追加」等のSP方策も，価格設定体系の全体像が分かりにくいままでは，顧客はこれらの方策のメリットを良く認識できない。従って，この種のSPを効果的に用いるためには，先ずは価格設定体系の明示と顧客の理

---

[8] ノベルティは，「珍しいもの」「目新しいもの」の意味であるが，プロモーションや顧客のロイヤルティ確保のために提供される小物類，記念品，印刷物（カレンダー等）を指している。

解の確保が求められる。

（4）パブリシティ

パブリシティ（publicity）は，新聞・雑誌やテレビ等，メディアにサービス提供組織及び提供するサービスを記事や番組内で取り上げてもらうよう働きかけをすることである。広告枠（媒体スペースやタイム）を購入して行われる広告と異なり，パブリシティによる扱いは原則として無料である。パブリシティの具体的な手段としては，①ニュース・リリース，②記者会見・記者発表，③発表会，等がある。

パブリシティは，メディアという第三者による扱いとなるので，受け手（オーディエンス）にとって広告よりも高い信頼性が置かれる。その為，扱われ方によっては強力な伝播力と影響力が期待できる。一方で，パブリシティの働きかけを行っても，メディアが必ず取り上げてくれる保証はなく，また取り上げられたとしても，その内容や紹介方法についての十分なコントロールはできないことが多い。

（5）PR

PR（public relations）[9]は，「社会との良好な関係を築くための諸活動」を指す。サービス提供組織も社会の一員として社会に理解され，良好な関係を築いていかなければならない。サービス提供組織の行うPRにおいては，先ず提供するサービスを広く社会に理解してもらうことが必要になる。物財と異なり，サービスは無形性故にその内容を十分に理解されにくいことが多い。その為，PRによってサービスの内容を伝え，社会の理解を得ることが重要になる。

（6）インストラクション・マテリアル

説明パンフレットや説明カード，説明ボード，説明動画といった各種のイン

9）PRは，わが国ではしばしば「広報」として理解されている。厳密に言えば本来の意味は異なる。しかし，同義の語として用いられる場合も多い。

ストラクション・マテリアル（instructional materials）は，サービスの購入を促すプロモーションの機能も持つが，エデュケーションの要素が強いもので，サービス・システムの円滑な稼働を支える重要なツールとなる場合がある。これらは紙媒体を初めDVD等のディスク類或いはウェブサイト上に掲載する等の方法で用意される。

　インストラクション・マテリアルは顧客のエデュケーションに重要な役割を果たす。サービス従業員がエデュケーターの役割を果たしていることも多いが，サービス・ファクトリーにおいてサービス従業員が顧客の近くに常にいるとは限らない。そうした場合に特にインストラクション・マテリアルが有用となる。但し，インストラクション・マテリアルは一般にインタラクティブ性には欠ける。従って，これらは顧客が必要とする時に必要とする情報を分かり易く提供できるように，十分に工夫されていなければならない。顧客のサービスに対する知識レベルに合わせてインストラクション・マテリアルを特別に或いは複数種類を用意することが求められる場合もある。「初めてご利用の方に」等といったインストラクション・マテリアルの見出しは良く見られるものである。

（7）コーポレート・デザイン

　有形要素を有効に活用することは，サービスのプロモーション活動の基本である。サービス提供組織としてのアイデンティティ表示を明確にするためにさまざまな有形要素を統一的にデザインすることをコーポレート・デザイン（corporate design）と呼ぶ。コーポレート・デザインの対象となるのは，サービス・ファクトリーの内外装の色調やデザイン，従業員の制服，使用車両・設備のデザイン色（カラー），使用するステーショナリー類等，さまざまである。また，ブランド・マーク（ロゴタイプとデザイン，カラー）とコーポレート・カラーはそのサービス提供組織のアイデンティティ表示の象徴であり，特に重要である。コーポレート・デザインは顧客が当該サービスを識別する上で明確な目印となるため，他のサービス提供組織との差別化競争が激しい環境では，特に有効で

ある場合が多い。

（8）インターネット上のコミュニケーション

今日，インターネット上のコミュニケーションを抜きにしたサービスのプロモーション活動は考えにくい。さまざまな場面でさまざまな方法で，顧客はインターネットを通じてサービス提供組織にアクセスする。従ってサービス提供組織もまた，こうした顧客からのアクセスを促進し，アクセスを逃さず受け止められる体制を十分に整えなければならない。

身近な例として，個人経営のレストランを考えてみよう。レストランのオーナー（オーナーシェフ）はレストランのウェブサイトを作ったりSNSにページを開設したりすることによって，限定メニューや営業時間のお知らせについて自ら情報発信をすることができる。グルメ関係の口コミサイトに登録すれば，顧客の高評価が寄せられ，好意的な口コミが広がるかもしれない。上記には，クーポンを掲載することも可能であり，顧客の誘引につなげることができる。オーナー自身が個人のブログを開設して食材や料理への想い等を語ることによって，顧客に親近感や信頼感を持ってもらうこともできるだろう。また，キーワード検索や地図検索等の検索に対応させることで，更に新規顧客獲得の可能性は広がる。インターネットは活用方法次第で，非常に強力なプロモーション効果を生み出すことができる。

第3節　サービス・エデュケーション－顧客エデュケーション－

サービスにおけるプロモーションにはサービス・エデュケーション（service education）という要素が加わる。サービス・エデュケーションの主要目的は，サービス・システムにおける顧客の役割やサービス・スクリプトを顧客（及びサービス従業員）に伝え，理解してもらうことである。サービス・エデュケーションの語は，通常は顧客向けのエデュケーションを念頭に語られる。サービス従業員向けのエデュケーション（従業員エデュケーション：employee education）

と区別する時は，これを顧客エデュケーション（customer education）と呼んでいる。サービスの内容やサービスの利用方法についての顧客の理解がサービス・エクスペリエンスを大きく左右する場合，特に顧客エデュケーションは重要なものとなる。本節では，顧客エデュケーションを中心にサービス・エデュケーションについて概説する。

1 サービスの特性と顧客エデュケーションの必要性

　サービスには，サービスの生産やデリバリーに顧客が関与するという特性がある。顧客の関与の程度は，サービスの種類やサービス・システムの設計（デザイン）によって異なる。関与の程度が小さい場合もあるが，程度が大きくなるにつれて，顧客の果たす役割やスクリプトについての理解度がサービス・システムの円滑な稼働を大きく左右することになる。こうした場合，顧客に対するサービス・エデュケーション，すなわち顧客エデュケーションが必要となる。

　例えば，航空会社によるインターネット経由での航空チケット購入サービスのケースを考えてみよう。日頃から旅客機を利用するようなビジネスパーソンであれば，チケットの購入がインターネット経由でできることは非常に利便性が高い。使い慣れていれば，戸惑うことなくこうした遠隔・無人のサービスを自ら操作し利用することができる。その結果，その利便性に満足度は非常に高くなるだろう。一方，旅客機を殆ど利用したことのない顧客の場合は，インターネット経由でチケットを購入することには困難を伴う。購入までに戸惑いや無駄な時間・労力がかかってしまうかもしれないし，「本当に間違いなく買えたのか，大丈夫なのか」といった心配から心理的コストも高くなるだろう。しかし，ウェブサイト上にこうした不慣れな顧客に対しても十分な配慮とフォローがあれば顧客の時間的コスト，心理的コスト等の非金銭的コストはかなり低減できる。使用方法の的確な説明によってインターネット経由でのチケット購入が無理なく行えれば，どこからでもチケットが購入できるという利便性は顧客の満足度を高めることができるだろう。

　サービス・システムに顧客が更に深く関与する場合を考えてみよう。例え

ば，医療サービスにおける顧客，すなわち患者には，患者自身に多くのことが求められる。自分の病気や怪我を治すためには，患者は医者の指示やアドバイスを自ら実行しなければならない。薬の指示通りの服用はもちろん，安静状態を保ったり，生活習慣の積極的改善が求められたりすることもあるだろう。こうした場合は，患者は自らが継続的に努力することで初めて医療サービスのメリットを享受できる。このようなケースでは，もはや顧客自身が提供されるサービスの品質を決定付けているとも言えるだろう。

　また，顧客エデュケーションはサービス・システムの供給能力（capacity）を向上させる上でも重要である。例えば，サービスのセルフ化は供給能力向上の方策の一つであるが，セルフ化を推し進めるためには顧客エデュケーションが欠かせない。上述の航空チケットの例は，インターネット経由でのチケット販売が顧客の利便性を高めつつ航空会社のコスト削減を可能にすることを示すものであった。

　上記に示すように顧客エデュケーションは非常に重要であるが，こうした顧客エデュケーションには質の高さもまた求められる。エデュケーションの内容は，できるだけ顧客にとって分かり易く短時間で理解できるようなものでなければならない。また，顧客エデュケーションの手段（例えば，サービス従業員による直接のインストラクションや各種のインストラクション・マテリアル）の的確さ・分かり易さも顧客エデュケーションの成否を左右することになる。

2　サービスの評価とエデュケーション

　顧客が提供されるサービス内容やサービス・システムにおける自身の役割について理解していなければ当該のサービスを適切に利用することは難しい。同様にサービスの適切な評価もまた，十分にサービス内容や自身の役割を理解することによって初めて可能となる。ホテルでのくつろいだ時間，高級レストランでのゆったりとした時間，各種コンサートの楽しみ方，スポーツ観戦，医療サービス……。どれだけサービス提供組織が優れたサービスを提供しようとしても，顧客の側にそれらのサービスを理解し，サービスのベネフィットを享受

する能力がなければ，顧客は当該サービスを誤って低評価する危険性がある[10]。提供されるサービスを正当に評価するためには，顧客自身が当該サービスについて良く理解している必要がある。特に生産・デリバリーへの顧客の高い関与が必要となるサービスにおいては，顧客エデュケーションは重要であり，さまざまな工夫によって顧客のサービス利用をサポートする必要がある。

3 顧客エデュケーションによる顧客サポート

本章の最後に，顧客のサービス利用をサポートする顧客エデュケーションの特徴的な手法について幾つか挙げ，概説する。

(1) 動画によるサービス・プレビュー

サービス・システムにおいて顧客が果たすべき役割を的確かつ短時間に伝えるためには，実際のサービス提供過程を見てもらうのが最良である。動画によるサービス・プレビューは，サービスの提供を受けるために顧客は何をすべきかを事前に示すことによって，顧客が円滑にサービスを利用することができるようにするものである。例えば，テーマパークのアトラクションには，安全を確保するための注意が必要な場合がある。アトラクションを待つ間に動画によるサービス・プレビューを示すことで，顧客は注意点を理解し，安全に楽しむことが可能となる。アトラクション施設の円滑な稼働と回転率の向上にも資することができる。

(2) ピクトグラム

ピクトグラム (pictogram) は絵文字の意味である。ピクトグラフ (pictograph) とも言う。多くは下地と図案に明度差のある２色を用いて，単純な絵文字で特定の意味を表現する。ピクトグラムはさまざまな場面で利用される[11]が，多数

---

10) 但し，当該サービスについて高度の知識と能力，経験を持った顧客は，サービスに対する要求と評価がより厳しいものとなる傾向がある。

の人々が出入りする公共施設や商業施設等で案内を示したり注意を促すために表示されたりするのが代表的である[12]。言葉が分からなくても情報を伝えられるため，海外からの来訪者や子供等に有益であるのはもちろん，通常の利用者にとっても理解し易い。また，ピクトグラムのデザインそのものを内装デザインに結び付けることもある。

サービス・ファクトリーにおける的確なピクトグラムによる案内標示は，顧客の円滑なサービス利用に欠かせない。案内標示の不足は，不親切な印象を与え，顧客に情報探索や不確実な行動を強いることになる。一方，煩雑な標示は分かりにくく顧客を戸惑わせる。内装デザインにも悪影響が出てしまい，サービススケープも損ねることになる。優れたピクトグラムによる案内標示は，顧客に利便性と快適性の両方を提供し，顧客の円滑なサービス利用を助けるものとなる。

(3) FAQ

FAQ (frequently asked questions) は，「良くある質問とその回答集」の意味合いで，物財・サービスを問わず顧客のサポートや情報提供に有用である。FAQ は以前は，カタログやパンフレット，或いは取扱説明書等に記載されることが多かったが，インターネットの普及によって非常に効果的な顧客サポート手段となったものである。

FAQ の質の向上はそのまま顧客サポートの向上に繋がる。FAQ は提供側が事前に予想される質問に対して答えを用意しておくのはもちろん，実際の顧客や見込み顧客からの質問に対する答えを随時追加していく等の柔軟な運用が必要である。また，顧客が簡単に必要な情報にアクセスできるように，的確に分類・整理され，また検索も容易に行えるようになっていることが求められる。

---

11) 例えば製品カタログの機能説明や取扱説明書の注意書き等でも多く利用される
12) 標準案内用のピクトグラムはその一部が 2002 年 3 月に JIS 規格化され，その後も追加修正が行われている。

FAQ もまた，顧客エデュケーションによる顧客サポートの今日的な手法と位置付けられるものである

【演習課題】

(1) サービスには基本特性として無形性がある。このことを踏まえ，広告表現の中でサービスがどのように描かれているかについて，具体例を調べてみよう。＊広告は雑誌広告，テレビCM等が良い。航空旅客輸送，保険，クレジットカード等，特定の業界に絞って，各社の広告表現を比較すると良い。
(2) サービス・プレビューについて，TDR（東京ディズニーリゾート）のテーマパークやUSJ（ユニバーサル・スタジオ・ジャパン）のアトラクションを例にどんなものがあるかを整理し，プレビューにどんな顧客エデュケーションの要素が組み込まれているかを検討してみよう。＊「アトラクションの楽しさや魅力，雰囲気を損なわないサービス・プレビューのあり方とは」或いは「アトラクションに組み込まれるサービス・プレビューのあり方とは」という観点で検討してみても興味深い。
(3) コーポレート・デザインは顧客が当該サービスを識別する上で明確な目印となる。コーポレート・デザインについて，具体例を調べ，コーポレート・デザインの各要素がどのような機能を果たしているかを整理してみよう。

参考文献

高畑泰〔2011〕「プロモーションI—マーケティング・コミュニケーション—」小宮路雅博編著『現代マーケティング総論』同文舘出版，第6章所収，pp. 69-85。

Lovelock, C.H. and L.K.Wright〔1999〕*Principles of Service Marketing and Management*, Prentice-Hall, Inc.（訳書，小宮路雅博監訳，高畑泰・藤井大拙訳〔2002〕『サービス・マーケティング原理』白桃書房）

Lovelock, C.H. and L.K.Wright〔2001〕*Principles of Service Marketing and Management*, 2nd ed., Prentice-Hall, Inc.

Lovelock, C.H. and J.Wirtz〔2007〕*Services Marketing: People, Technology, Strategy, 6th Ed.*, Pearson Education.（訳書，白井義男監修，武田玲子訳〔2008〕『ラブロック＆ウィルツのサービス・マーケティング』ピアソン・エデュケーション）

（高畑　泰）

第7章
サービスの失敗と顧客行動

　サービスの失敗に直面した顧客はどのような行動をとるのだろうか。本章では，サービス・ファクトリーにおける人対人のサービスを念頭にサービスの失敗について状況を整理し，失敗に対する顧客の行動について説明する[1]。

第1節　サービスの失敗

1　サービスの失敗とは
　サービスの失敗（service failure）とは，約束したサービスが提供されない，顧客が提供サービスに満足できないといった状況を指している。どんな種類のサービスにおいてもサービスの失敗は生じ得る。とりわけ，レストラン，ホテル，テーマパーク，各種レジャー施設，コンサート，学校といった人対人のサービスにおいては，人的要素が需給双方での変動性をもたらすため，サービスの失敗が発生する状況が多い。この種のサービスには一般に以下の特徴がある。

① サービス・システムの具体的・物理的な現れであるサービス・ファクトリーに顧客自身が足を運び，フロントステージのサービス従業員（CP）からサービスを提供されるのが通常である。

② サービス・ファクトリーにおいては，サービス提供側と顧客とのサービス・エンカウンターは，ハイ・コンタクトないしミディアム・コンタクト

---
1) 本章は，小宮路〔2007〕に基づき構成されている。

の状況となっている。
③ サービスの受け手である顧客は，他の顧客達と共にサービス・ファクトリーを利用していることが多い。他の顧客達はしばしば多人数である。
④ 顧客自身と他の顧客達とのインタラクションがサービス・エクスペリエンス（の一部）を構成することがある。
⑤ レストラン，ホテル，各種レジャー施設等の場合，公共施設やSC（ショッピング・センター）等，他の施設と隣接ないし一体となっていることがある。これらの施設或いはサービス・ファクトリーそのものの持つ各種の利便性を求めて，直接の顧客以外の多種多様な人々が出入りし，或いはサービス提供の場に居合わせている場合がある。

サービスの失敗に関与する要因は，サービス提供側の要因だけでなく，顧客自身，他の顧客，居合わせた他の人々等さまざまなものとなるだろう。この点を念頭に置きながら，以下では，上記のサービス・ファクトリーにおけるサービスの失敗状況と顧客の行動について説明しよう。

2　サービスの失敗状況

サービスの失敗状況はさまざまである。失敗状況は図表7-1に示される各側面で整理される。なお，ここでは例えば，サービス・ファクトリーそのものやファクトリー周辺において何らかの事故・事件が発生しサービスを提供できなかったといったアクシデント状況は除外して考えるものとする。以下，それぞれ説明する

（1）失敗の対象：何が失敗するか

何が失敗するかの観点で大別すると，①取引されるサービス内容そのものが失敗する場合（コア・サービスの失敗），②サービスの提供に関わる過程や周辺要素が失敗する場合（補足的サービス要素の失敗），とに分けられる。例えば，美容院における失敗には「髪のカットが下手すぎる」場合（①）と「カットは上手だが愛想もないし不親切で嫌な感じだった」場合（②）とがある。この2つの

図表7-1 サービスの失敗状況

（1）失敗の対象	（2）失敗の発生箇所	（3）失敗の人的発生源	（4）顧客の観点
① コア・サービスの失敗 ② 補足的サービス要素の失敗	① 生産ないしオペレーションにおける失敗 ② デリバリーにおける失敗 ③ 顧客ミックス上の失敗 ④ サービス・システムの設計自体の失敗 ⑤ サービススケープ上の失敗	① フロントステージのサービス従業員 ② バックステージのサービス従業員 ③ 顧客自身 ④ 他の顧客 ⑤ 居合わせた他の人々	① コスト面での失敗 ② 倫理・価値観の上での失敗

出所：筆者作成。

区分は，サービスのアウトカムの品質（結果品質：outcome quality）における失敗，プロセスの品質（過程品質：process quality）における失敗にもそれぞれ該当する。

(2) 失敗の発生箇所：どこが失敗するか

失敗の発生箇所についてもさまざまなものがある。これは例えば，①サービスの生産ないしオペレーションにおける失敗，②サービスのデリバリーにおける失敗，③顧客ミックス上の失敗に大別されるだろう。また，他にも着目点を変えて，④サービス・システムの設計(デザイン)そのものの失敗，⑤サービススケープ上の失敗等が挙げられる。例えば，高級レストランにおける失敗には「料理がそもそも美味しくない」（①），「マナーをまるで守らないお客がいて不愉快」（②），「相反するセグメントのお客が混在していて不愉快」（③），「客席数に比して厨房の調理能力がそもそも低すぎる」（④），「趣味の悪い内装・調度品で不愉快」「BGMがうるさくて或いは気に入らなくて不愉快」（⑤）といった場合がある。

（3）失敗の人的発生源：誰が失敗するか

失敗が直接に誰に起因するものであるかについては，サービス・システムの構成要素毎に整理すると，例えば，①フロントステージのサービス従業員（CP）によるもの，②バックステージのサービス従業員によるもの，③顧客自身が原因となるもの，④他の顧客によるもの，この他に⑤居合わせた（直接の顧客でもなくサービス従業員でもない）他の人々によるものがある。例えば，クラシック・コンサートにおける失敗には「演奏が下手でがっかり」（①），「会場運営がきちんとしていない」（②），「クラシック音楽を初めて聴くので全く楽しめない」（③），「演奏中静かにできないお客がいて台無し」（④）といった場合がある。また，⑤の例としては，ホテルのアトリウム等に設営された式場で行われる結婚式における列席者以外の見物客（と言うか野次馬）が挙げられる。見物客全員が暖かく祝福してくれる「善い人達」であれば特に問題はない。しかし，いつでも全員が「善い人達」とは限らない。この可能性は完全には排除できないので，この点を懸念する新郎新婦はこのような形式の挙式は避けるだろう。人対人のサービスの場合，サービス・ファクトリーにおいては，サービス・エンカウンターは，とりわけ人的側面においてハイ・コンタクトないしミディアム・コンタクト状況となっていることや多くの顧客（時には直接の顧客以外の多様な人々）が出入りしていることは，念頭に置かれるべきである。

（4）顧客の観点

サービスの失敗を顧客の観点で考えると，顧客にとって失敗は2つの次元で知覚されることになるだろう。コスト面での失敗，倫理・価値観の上での失敗である[2]。以下，説明する。

① コスト面での失敗：コスト面での失敗は，直接には金銭面での損失感を

---

2) コスト面での失敗，倫理・価値観の上での失敗については，Lovelock and Wright〔1999〕p.139（訳書 p.169），Lovelock and Wright〔2001〕p.125 の記述から着想を得ている。

覚えさせる状況を指すが，これに留まらず時間・労苦・手間ひまの損失・喪失・徒労感を感じさせるような状況をも指している。サービス・コストの観点に立てば，コスト面での失敗は，金銭面だけに留まるものではない。

② 倫理・価値観の上での失敗：一方，倫理・価値観の上での失敗は，顧客が自身の常識観，公正観，正義感，勤労観，道徳感，自己価値，等々に照らして憤りを覚えるようなサービスの失敗の状況を指している。例えば，サービス従業員が怠慢である・怠惰である・無能である・余りにもモチベーションが低いといった状況，サービス提供に際し当然なされるべき配慮・注意がなされていない状況，サービス提供に際し秩序が守られない状況や不正義がまかり通る（例えば，行列の順番を守らなくとも誰も注意しない・正さない，常連客・上客とそうでない客をあからさまに差別する等）といった状況，サービス従業員が顧客を軽視する・無視する・愚弄する・威圧するといった状況，上記を指摘してもサービス提供側に真摯に受け止める誠実さがないといった状況，等が挙げられる。

上記の2つの次元は，顧客によって別々のものとして意識されることもある。例えば，コスト面での失敗がなくとも，倫理・価値観の上での失敗が顧客によって問題とされる場合がある。例えば「料理は最高だがお客を馬鹿にして軽んじる高級レストラン」はどうだろうか。一方，倫理・価値観の上での失敗は問題にされず，コスト面での失敗だけが専ら強く意識される場合もある。これは，コスト面での損失感の大きさや顧客のパーソナリティ或いは失敗の状況による。しかし，両者はいつでも明快に分離されるわけではない。例えば，コスト面での失敗が最初に意識され，続いてその原因として倫理・価値観の上での失敗が強く意識され，結局，問題は一体なのだと意識されることもあるだろう。

顧客は，コスト面での失敗については，サービス提供側の事情や状況，サービスの持つ変動性や同時性を斟酌してむしろ寛容に接する場合もある。しかし，倫理・価値観の上での失敗は顧客の自尊心や価値観を大きく損なうため

「許せない」という心的状態を生み易く，感情的爆発を引き起こしたり，逆に恨みの気持ちを深く沈潜させたりすることになる。倫理・価値観の上での失敗に対し，顧客が表面上どのような反応を示すかは，顧客のパーソナリティや失敗の状況による。

第2節　サービスの失敗に対する顧客の行動

1　サービスの失敗と顧客の行動

　失敗に直面した顧客のとる行動は，2つの次元で理解されるだろう。

　先ず，①「その場で或いは事後にリカバリーを求める／何もしない」の次元，すなわち「リカバリー／放置」の次元がある。リカバリーとは，サービス・リカバリー（service recovery）の意味である。サービス・リカバリーは，サービスの失敗が生じた場合，事態を収拾しあるべき姿に戻すことを指す（サービスの回復・修復）。具体的にはサービス提供側の謝罪，サービスの再提供や原状回復，返金等が行われる[3]。

　次に，②「取引をする／しない或いは取引を継続する／継続しない」の次元，すなわち「リテンション／離反」の次元がある。それぞれ顧客リテンション（customer retention：顧客の維持），顧客ディフェクション（customer defection：顧客の離反）の意味である。

　この2つの次元は組み合わせて，図表7－2に示されるような4通りの状況を考えることができる。

　①　リカバリーとリテンション：サービスの失敗に対しリカバリーを求め，（多くの場合，満足行くリカバリーが行われて）顧客が取引を継続する状況。これは，「サービスの失敗の発生 ⇒ 迅速・適切なリカバリー ⇒ 顧客の満足とロイヤルティの回復 ⇒ 顧客のリテンション」というサービス・リカバ

3）サービス・リカバリーには，広義には，サービスの失敗の原因を探り，問題点の明確化をすると共に再発を防止する措置を講じることも含まれる。

図表7-2　サービスの失敗に対する顧客の行動

	リカバリー ＊その場で或いは事後にリカバリーを求める	放　置 ＊何もしない
リテンション ＊取引をする・取引を継続する	リカバリーとリテンション	放置とリテンション
離　反 ＊取引をしない・取引を継続しない	リカバリーと離反	放置と離反

出所：筆者作成。

リーの成功図式が想起される状況でもある。この成功図式に関連して，サービス・リカバリー・パラドックス（service recovery paradox）[4]の存在もしばしば主張される。

② 放置とリテンション：サービスの失敗に対するリカバリーを求めないままに事態が進行し，顧客が不満，我慢，諦め，忍容の気持ちを抱いたまま取引を継続する状況。この状況は，顧客がリカバリー要求は無駄なものに終わると予想したり，リカバリー要求によって回復すると予想されるベネフィットがリカバリー要求に要するコストを下回る（リカバリー・ベネフィット＜リカバリー・コスト）と判断したりした結果である。或いは，他にサービス提供の選択肢がなく「人質（hostage）」状態[5]にあれば，諦めによる放置とリテンションとが結び付くことになる。

③ リカバリーと離反：サービスの失敗に対しリカバリーを求め，顧客が離反する状況。リカバリーを求めかつ離反する状況には，リカバリーの失敗による場合，元々，離反を決意した上でのリカバリー要求の場合がある。

4）サービス・リカバリー・パラドックス（サービス・リカバリーの逆説）は，「サービスの失敗に直面した顧客が適切なサービス・リカバリーによって満足とロイヤルティを回復した場合，サービスの失敗に元々，直面していない顧客よりもむしろ満足やリテンションの度合いが高まるという現象」を言う。但し，サービス・リカバリー・パラドックスの普遍性或いは存在そのものについての否定的見解を示す研究者も少なくない。

また，この状況は，リカバリーの対象がコスト面での失敗，倫理・価値観の上での失敗のいずれか或いは両方であるかにも依存している。例えば，コスト面での失敗のリカバリーは求めるが，倫理・価値観の上での失敗は到底容認できず離反を予定している状況が挙げられる。

④ 放置と離反：サービスの失敗に対するリカバリーを求めず，顧客がそのまま離反する状況。リカバリー要求は無駄なものに終わると予想する場合，リカバリー要求によって回復されると予想するベネフィットがリカバリー要求に要するコストを下回る場合（リカバリー・ベネフィット＜リカバリー・コスト），顧客がリカバリー要求を含め以降の関わりを一切拒否する場合，顧客は失敗を放置し，しかも離反する。

2　顧客の苦情申し立て行動とは

サービスの失敗に直面した顧客は苦情の申し立てを行うことがある。上記のリカバリー要求も苦情の申し立ての形をとる（その後，離反するか否かはまた別の問題である）。苦情の申し立ての動機と態様については，図表7-3のように区分されるだろう。

① コスト面での失敗と倫理・価値観の上での失敗の双方のリカバリーを意図した苦情申し立て：この場合，顧客はコスト面での失敗，倫理・価値観の上での失敗の双方を感知していることになる。リカバリー後に離反が予

---

5) ここでの人質の表現は，Jones and Sasser〔1995〕に従ったものである。ジョーンズ（Jones, T.O.）とサッサー（Sasser, Jr.W.E.）は，顧客を満足度とロイヤルティ（この場合は当該サービスの利用を継続すること）の2軸で4つに分類している。この図式では，満足度もロイヤルティも高い顧客は忠誠者（loyalist）及び伝道師（apostle），満足度は高いがロイヤルティは低・中位の顧客は傭兵（mercenary），満足度は低・中位だがロイヤルティは高い顧客は人質（hostage），満足度もロイヤルティも低・中位の顧客は離反者（defector）及びテロリスト（terrorist）と呼ばれる（Jones and Sasser〔1995〕pp.96-97参照）。上記の内，伝道師は忠誠者の中でも特に満足度が高く，当該サービスを他者へ強く推奨してくれる顧客を指し，テロリストは離反者の中でも特に不満足度が高く，マイナスの推奨を他者に積極的に行う顧客を指す。直接的には，伝道師をいかにして増やすかとテロリストの発生回避がサービス・マーケティング上の最重要課題となる。

図表7-3　顧客の苦情申し立て行動とリカバリー

		コスト面での失敗	
		リカバリーを求める	リカバリーを求めない
倫理・価値観の上での失敗	リカバリーを求める	2つの次元の失敗の双方のリカバリーを意図した苦情申し立て	倫理・価値観の上での失敗のリカバリーを意図した苦情申し立て
	リカバリーを求めない	コスト面での失敗のリカバリーを意図した苦情申し立て	リカバリーを意図しない苦情申し立て

出所：筆者作成。

定されていることも多い。

② コスト面での失敗のリカバリーを意図した苦情申し立て：これは，顧客がコスト面での失敗のみを意識している場合と倫理・価値観の上での失敗も意識しているがこちらは放置する場合とに分けられる。前者の場合は，失敗の程度にもよるが，リカバリー後のリテンションが期待される。後者の場合は，リカバリー後に離反が予定されていることも多い。

③ 倫理・価値観の上での失敗のリカバリーを意図した苦情申し立て：これは，顧客が倫理・価値観の上での失敗のみを意識している場合とコスト面での失敗も意識しているがこちらは放置する場合とに分けられる。前者の場合は，失敗の程度にもよるが，リカバリー後のリテンションも幾分かは期待される。後者の場合は，やはりリカバリー後に離反が予定されていることが多い。リカバリーは，倫理・価値観のリカバリーに関して失敗することが多い。日常的感覚からも理解されるように，顧客はしばしばコスト面のリカバリーの適否ではなく「心からの謝罪がない」「失敗に真摯に向き合わない」ことを問題としている。

④ リカバリーを意図しない苦情申し立て：この場合，顧客はリカバリー自体を期待しておらず，苦情申し立てを行い離反する。苦情申し立ては，しばしば感情的なものとなり，罵倒・言いたい放題というような様相を呈することになる。リカバリーを求めることや苦情の申し立てを行うことは，時

に顧客の当該サービス提供組織（サービスを提供する企業や非営利組織等）への愛着やロイヤルティの表われでもあるが，この場合の苦情申し立ては離反・決別が予定されている。しかし，他に選択肢がなく人質状態の場合や苦情申し立てそのものが目的となっている[6]場合は，リカバリーを意図しない苦情申し立てをするが，しかし離反せずサービス・ファクトリーに再来訪ないし繰り返し来訪することがある。

上記は，図表7－4にまとめてある。

3 何も言わない顧客

顧客はサービスの失敗に対し，苦情申し立てを行いたいのだが，行えない・行わない状況に置かれることがある。或いは，行わない方が賢明と判断する状況もある。これには，以下に示す6つの場合が含まれる。

（1）「人質」状態

サービス提供組織が，当該サービスについて例えば，政府規制により独占状態となっている場合がある。規制がなくともその地域では1箇所しかない等の場合もある。こうした状況においては，サービス提供側には，サービスの失敗発生を回避し，より良いサービスを提供しようというインセンティブが働かないことも多い。顧客はしばしばサービスの失敗に直面するが，サービス提供側に改善の気持ちがそもそもないことを経験から学習している。顧客は，他にサービス提供の選択肢がないため，サービスの失敗に繰り返し直面しても継続して当該サービスを利用せざるを得ない。このような状態を「人質」状態と称するが，この状態においては，顧客は，あえて苦情申し立てを行わず放置し我慢し続けることになる。もちろん，このような状況では，他に選択肢ができれば，顧客は一斉に離反することになる。

6）苦情申し立てそのものに愉みを見出している顧客の存在も完全には否定できない。この種の顧客もまたジェイカスタマー（jaycustomer）の一類型であろう。

図表7-4　顧客の苦情申し立て行動とリテンション／離反

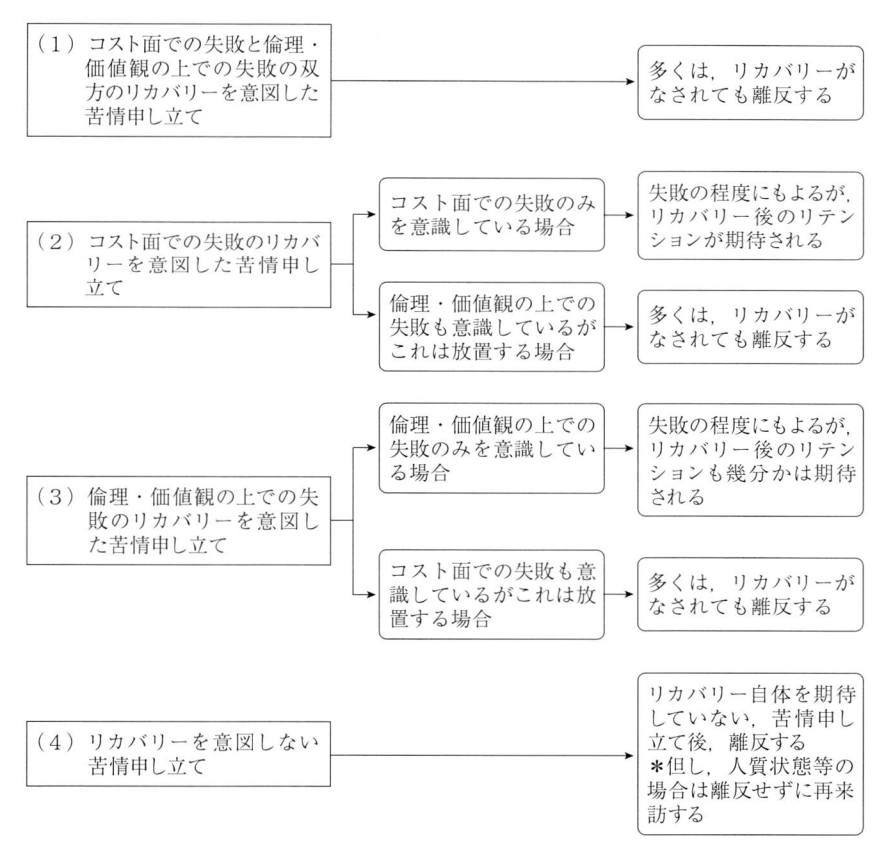

苦情申し立ての種類	意識状況	結果
（1）コスト面での失敗と倫理・価値観の上での失敗の双方のリカバリーを意図した苦情申し立て	—	多くは，リカバリーがなされても離反する
（2）コスト面での失敗のリカバリーを意図した苦情申し立て	コスト面での失敗のみを意識している場合	失敗の程度にもよるが，リカバリー後のリテンションが期待される
	倫理・価値観の上での失敗も意識しているがこれは放置する場合	多くは，リカバリーがなされても離反する
（3）倫理・価値観の上での失敗のリカバリーを意図した苦情申し立て	倫理・価値観の上での失敗のみを意識している場合	失敗の程度にもよるが，リカバリー後のリテンションも幾分かは期待される
	コスト面での失敗も意識しているがこれは放置する場合	多くは，リカバリーがなされても離反する
（4）リカバリーを意図しない苦情申し立て	—	リカバリー自体を期待していない，苦情申し立て後，離反する　＊但し，人質状態等の場合は離反せずに再来訪する

出所：筆者作成。

（2）苦情申し立て先が不明

　顧客にとって，誰にどのように苦情を申し立てれば良いか分からない場合もある。サービスの失敗が直接のサービス従業員（CP）に起因する場合は，当該のサービス従業員に苦情を申し立てれば良いのかもしれない。しかし，サービスの失敗がサービス・システム上の問題に起因する場合は，直接のサービス従業員或いはマネジャー・クラスに申し立てても，彼らには解決する権限・能

力，或いは資源がないことも予想される。となると一体誰に苦情申し立てを行えば良いのか，顧客にとって分からなくなる。

(3) 申し立てても事態は改善されない，言っても無駄という予想・無力感・諦め

同じく，サービス従業員或いはマネジャー・クラスに申し立てても，彼らには解決する権限・能力，資源がないかもしれない。或いは，解決する意思・意識が欠如していると予想される場合がある。倫理・価値観の上での失敗の場合は，特にそうである。「申し立てても事態は改善されない」「言っても無駄」であれば，何も申し立てないことは顧客にとって十分に合理的な判断となる。

(4) 申し立てのコスト計算の結果申し立てない

これは，リカバリーを目的とした苦情申し立てによって回復されると予想するベネフィットが苦情申し立てに要するコストを下回ると判断する場合である（リカバリー・ベネフィット＜苦情申し立てコスト）。苦情申し立てには不確実性を伴いかつ申し立て側（顧客）にコストが発生するため，顧客はサービスの失敗に直面しても苦情申し立て行動をとるとは限らない。コストには，苦情申し立てを行う手間ひま，時間，労力，申し立てに伴いサービス提供側と「対決」せねばならない不快感や懸念といった心理的コスト等が含まれる。従って，申し立てのコスト計算の結果何も申し立てないことは顧客にとって十分に合理的な判断となる。

(5) 顧客にとっての失敗の意味合い

サービスの失敗が，コスト面での失敗なのか倫理・価値観の上での失敗なのかによっても，顧客の苦情申し立て行動は異なってくる。例えば，サービス提供側が誠実・真摯に取り組んでいてもサービスの変動性や同時性故にコスト面での失敗が生じることもあり得る。この場合，顧客はサービス提供側が誠実・真摯に取り組んでいることを理解しており，より気軽かつ紳士的にリカバリー

を要求できる。これに対し，倫理・価値観の上での失敗の場合は，サービス提供側の意識や人格，或いは倫理，価値観にそもそも問題があることも推測される。従って，顧客はそのような相手に苦情を申し立てて更に関わりを持つことにはリスクがあると判断することになる。この場合，苦情申し立て等は行わず，黙って見捨て，離反する方が賢明な判断となる。

（6）「仕返し」としての放置
　サービスの失敗に対し，顧客が何も言わないという行動には，一種の仕返しの意味合いもある。すなわち，何も言わないで放置し，事態が改善されない或いは一層悪化した方が良いと考える状況である。そうすれば，サービスの失敗は繰り返し発生し，他の顧客達の大量離反にも繋がることになる。これは苦情申し立てを行わない（行えない）ことに対する顧客の一つの心的解決でもある。
　サービス提供側が誠実・真摯に取り組んでいてもなお生じ得る失敗については，顧客は寛容であり，改善や気づきの機会としての苦情の申し立てを進んで行う。こうした苦情の申し立ては言わば「善意の苦情」であり，むしろ顧客の愛着やロイヤルティの表れである。これに対し，倫理・価値観の上での失敗は顧客に「許せない」という心的状態を生み，苦情申し立てを敢えて行わず，悪しき状態が継続することがサービス提供側の破滅の可能性を高めるため当該顧客にとっては望ましいこととなる。

4　顧客の離反行動

　離反（ディフェクション）は，顧客が当該サービスを利用しなくなることを言う。離反は，顧客の転居や利用事由の消滅等の理由でも生じ得る。ここでは，専らサービスの失敗によって顧客が当該サービスを利用しなくなる状況を念頭に置いている。
　サービスの失敗がいかなるものであるかによって，顧客の離反行動にも①絶対に二度と行かない，②行かない，③なるべく行かない，④そのうち行くかも知れないが当面は行かない，⑤何となく行かない，等々と意識上の濃淡が生じ

る。特にサービスの失敗が人的要因による場合は，離反行動に結び付き易い。「許せない思い」「嫌な思い」というのは（設備や装置に対してではなく）専ら人に対して生じるものであり，従業員にせよ他の顧客にせよ特定の人物がまたいるだろうと思うから顧客は行かない，行きたくないと感じる（或いは，不快さを思い出すから行かない）。この場合，従業員はサービス提供そのものに直接関わる従業員とは限らない。駐車場案内・整理係，受付係，警備員・守衛・門衛，清掃係といった補足的サービス要素に関わる要員や店長やマネジャーといった大きな管理責任を負うクラスの人物が倫理・価値観の上での失敗を延々と生み出している場合もある。

　顧客の離反をサービスの提供側から見ると，以下の4つのマネジメント上の意味がある。

（1）離反顧客から以降の取引が得られなくなる

　当該顧客が離反することにより，リテンションがなされていたとすれば，継続して得られた筈の取引と利益を失うことになる。

（2）顧客の離反により新規顧客の比率が高まるようになる

　新規顧客はしばしば不慣れであって状況やサービス・スクリプトを把握していないことがあり，これはサービス・システムの生産性にマイナスの影響を及ぼすことになる。エデュケーション・コストも増大する。加えて，顧客の離反が続けば，新規顧客を得るための大きな努力を常にしていなければならなくなる。これは実際にはさまざまなサービス・プロモーションを行うことでなされるので，サービスの提供側にとって大きなコスト圧力となる。

（3）離反顧客によるマイナスの口コミ

　サービス提供側に直接の苦情申し立てをしないまま離反したにしても，離反顧客がサービスの失敗について家族や友人に話すことは大いにあり得ることである。これはマイナスの口コミとしてコミュニティに流布する可能性がある。

或いは，インターネット上の口コミサイトや評価サイトへのコメント投稿，SNS等での発言といった行動をとることも多い。上記により，マイナスの口コミがネット上にも流布し，既存顧客のリテンションや新規顧客の獲得がより難しくなる。

（4）離反により，サービスの失敗を感知できなくなる

顧客の離反を招くようなサービスの失敗はクリティカルな出来事であるが，離反顧客はしばしば何も言わずに離反してしまうので，失敗発生の感知自体が困難となる。離反顧客が何も言わずに離反するのは，苦情申し立てのコスト計算の結果による場合もあるが，当該のサービス提供組織のために改善のヒントとなるような情報の提供を拒否する意味合いを持っている場合もある。離反顧客が，悪しき事態が継続することがむしろ望ましいと判断することもある（仕返しとしての放置）。また，離反顧客から改めて失敗の原因究明や事態の改善に繋がる情報を得ることは困難である。離反顧客にとっては，情報提供のためにわざわざ時間や労力を費やしたり，失敗の記憶を呼び覚ましたりすることは不快なことである。その為，こうした調査に協力してもらうことは難しいものとなる。

顧客からの情報収集は，実際のところ，既存顧客（とりわけ満足顧客）についてむしろ良く行い得るものである。もちろん，既存顧客にリテンションの理由や不満点を尋ねサービスを改善していくことも重要ではある。しかしながら，サービスの失敗発生を感知し，失敗状況を解明するためには離反情報の収集が欠かせないものとなる。問題は上述のようにやはり離反顧客からの情報収集が実施困難な点にある。従って，リカバリー要求ないし苦情申し立ての後，顧客が離反してしまう場合，申し立てられた苦情内容はサービスの失敗状況を解明する唯一とも言える貴重な情報となる。それ故にサービス苦情ログ（service complaint log）[7]の整備が求められるが，それでも何も言わず黙って離反する顧客の離反状況は分からないままである。

サービス提供において，サービスはいつ，どの次元，どの部分で誰に起因して失敗するのか。また，顧客にとっていかなる意味合いの失敗であるのか。これらは，失敗に直面した顧客の行動を左右することになる。顧客はサービスの失敗について，苦情申し立てを行い，リカバリーを求め，時に離反する。また，顧客はリカバリーを意図しない苦情申し立てを行い，或いは何も言わずに見捨て単に離反する。サービスの失敗発生や失敗状況を解明する上で，離反顧客からの改めての情報収集は困難である。従って，苦情の持つ情報価値がより認識されてしかるべきである。

7）サービス苦情ログは顧客からの苦情についての記録を言う。苦情の内容や発生状況，対応内容が記録される。サービス苦情ログによって，苦情（サービスの失敗）の原因の体系的分析やより良い対応方法等が分析・工夫できる。しかし，苦情は内容や発生状況がさまざまであり，受付部署や収集ルートも多様であるので，苦情を秩序立てて整理・記録していくことはそれほど容易ではない。

【演習課題】

（1）サービスの失敗について自身の顧客としての体験を振り返り，①サービスの失敗状況，②失敗に対する自身の行動についてどうであったかを本章の枠組みに沿って整理・分析してみよう。

（2）サービス・リカバリー・パラドックスの普遍性或いは存在そのものについては否定的見解も少なからずある。どのようなサービスの失敗状況とリカバリー内容において，サービス・リカバリー・パラドックスが成立するかについて考察してみよう。

（3）提供するサービスについて顧客の満足を保証することを文字通りサービスの「満足保証（satisfaction guarantee）」と言う。満足保証は実際には，不満足の場合（サービスの一種の失敗が発生した場合）に返金やサービス再提供に応じることを約束する形をとる。こうした満足保証を掲げているサービス提供組織について，その満足保証の内容と仕組み（保証の条件等）を具体的に調べてみよう。

参考文献

小宮路雅博〔2007〕「サービスの失敗と顧客行動」『茨城大学人文学部紀要社会科学論集』第44号，茨城大学人文学部，pp.79-89。

Jones, T.O. and Sasser, Jr., W.E.〔1995〕"Why Satisfied Customers Defect," *Harvard Business Review*, vol.73, No.6, November-December. pp.88-99.

Lovelock, C.H. and L.K.Wright〔1999〕*Principles of Service Marketing and Management*, Prentice-Hall, Inc.（訳書，小宮路雅博監訳，高畑泰・藤井大拙訳〔2002〕『サービス・マーケティング原理』白桃書房）

Lovelock, C.H. and L.K.Wright〔2001〕*Principles of Service Marketing and Management, 2nd ed.*, Prentice-Hall, Inc.

（小宮路雅博）

第8章

サービスの個別領域1：スポーツ
―試合観戦における観客満足とその向上―

　本章では，サービスの個別領域としてスポーツを取り上げる。スポーツ・ビジネスとマーケティングの関係について概説した上で，サービス・マーケティングと関係が深いプロ・スポーツを例に取り上げ，試合観戦における観客満足とその向上について基本的な考え方を説明する。

第1節　スポーツ・ビジネスとマーケティング

　近年，スポーツがマーケティングの領域で取り上げられることが多くなってきた（これは，スポーツ・マーケティングと総称されるマーケティングの一分野を形成している[1]）。その理由は，スポーツが巨大なビジネスとしての魅力を持ち始めてきたからに他ならない。1984年に行われたロサンゼルス・オリンピック[2]以降，テレビ放映権料の高騰やスポンサーシップ制度の確立等により，スポーツは大きな経済効果や高収益が期待できるビジネスとしての意味を持つようになった。各国で，オリンピックやワールドカップを初め，国際的なスポーツ・イベントの熾烈な誘致合戦が繰り広げられているのはその証拠である。
　スポーツがビジネスの対象になって以降，スポーツ種目間の競争が激しくなった結果，注目度や人気等によって，種目間に大きな開きが見られるようになってきた。人気の高いスポーツには，メディアが注目し，スポンサーが付き，広告媒体としての価値が高まる。この種のスポーツにはより多くのお金が集まり，そうでないスポーツにはお金が回らず，結果としてメジャースポーツ

とマイナースポーツの格差は広がっている。ビジネスである以上，競争があり，これは当然の帰結とも言えるが，現在，あらゆるスポーツ種目の間で，観客や選手の争奪戦が行われるようになっている。こうした傾向は世界的なものであり，わが国のスポーツ・ビジネスにおいても同様の傾向が見られる。

その一方で人気の高いスポーツにおいても選手年俸の高騰等，そのコストの

---

1) スポーツをマーケティングの対象として捉えるスポーツ・マーケティング（sports marketing）は，近年，盛んに研究が行われるようになってきた研究分野である。しかしながら，スポーツ・マーケティングの定義と対象領域については，スポーツという言葉の持つ意味の広さから，さまざまな主張がなされており，統一的な見解は定まっているとは言えないのが現状である。ここでは，木村〔2011〕で提示された枠組みに従い，以下の4領域をスポーツ・マーケティングの対象として捉えておきたい（木村〔2011〕pp.190-199）。

① 「するスポーツ」：この領域を対象とするスポーツ・マーケティングは，人々がスポーツを実際に行うことをサポートしようとするものである。ここには，単にスポーツ用品を販売することだけではなく，当該スポーツをプロ・アマ共に振興して競技人口を増やすことも含まれる。

② 「観るスポーツ」：この領域を対象とするスポーツ・マーケティングでは，主にプロ・スポーツにおいて，試合に観客を集め，入場料収入を得るために観客数の最大化を目指すことが課題となる。具体的にはスタジアムやアリーナ等，試合会場の整備や試合を盛り上げるためのあらゆる試みがここに含まれる。

③ 「プロモーション・メディアとしてのスポーツ」：この領域を対象とするスポーツ・マーケティングは，スポーツに関わるさまざまな要素を広告やPR活動のためのメディアと捉えるものである。例えば，スポーツの試合には多くの人が観戦に訪れ，或いはTV等での観戦において，会場の看板やロゴ，選手のユニフォームやスポーツ用具等，さまざまな物的要素を目にすることになる。これらを全てプロモーションのためのメディアとして捉え，これを自社のプロモーション活動に結び付けるものである。

④ 「コンテンツとしてのスポーツ」：この領域を対象とするスポーツ・マーケティングは，スポーツそのものをコンテンツとして捉え，その権利を売買するものを指している。権利には，試合や大会のテレビ放映権，チームや選手に関わる商品化権（merchandising rights）等がある。

上記の4つの対象領域は，どれもスポーツにおける顧客満足を向上させる上で，直接的，間接的に大きな影響を与えるものである。本章では上記②の「観るスポーツ」における顧客（観客）の満足について取り上げている。

2) ロサンゼルス・オリンピック以降，スポーツのビジネス化が急速に進んだとみる識者は多い。詳しくは，木村〔2011〕pp.185-190 を参照されたい。

急激な増加から経営破綻するチームも少なくない。巨大な産業ともいえるアメリカのメジャーリーグやヨーロッパのサッカーリーグでも財政的な問題から破産法の適用を申請したり，売却せざるを得なくなった等のニュースはもはや珍しいものではなくなった[3]。スポーツ・ビジネスの拡大は，スポーツ・コンテンツを取引の対象とし，より大きなビジネスへと繋げるきっかけとなったが，ビジネスとしての利益追求が行き過ぎてしまうと，かえってスポーツの衰退にも繋がりかねない事態を招いている。

また，スポーツをエンターテインメントの一分野として捉えると，映画やテーマパーク，ゲーム，演劇等，他のエンターテインメント産業とも競合する。わが国のスポーツ・ビジネスをテーマパークや映画産業等の他産業と比較した場合，その市場規模は決して大きくない。例えば，わが国で有数のプロ・スポーツ組織であるプロ野球（NPB：Nippon Professional Baseball）全体の年間観客数よりも，TDR（東京ディズニーリゾート）の年間客数の方が多い[4]というのが現状である。

ビジネスとしての魅力が強く認識された反面，競争はより激しくなり，スポーツを取り巻く環境はむしろ厳しくなっているという認識に立った対策が必要である。そこで，重要なテーマとなるのが，試合観戦における観客の満足を今一度見直すことである。これは決して困難なことではない。実際に欧米の多くのプロ・スポーツクラブでは，より楽しめる試合の提供とファンとの良好な関係性の構築を最重要のテーマとして位置付け，さまざまな対策を講じて観客動員に結び付けているところが少なくない。例えばアメリカでは，従来にはな

---

3) 例えば，米メジャーリーグ（野球）の名門ドジャースが2011年に，テキサスレンジャースは2010年に破産法の適用を申請する等，チーム間の格差が開く傾向にある。またヨーロッパの有名サッカーリーグである英プレミアリーグ，伊セリエA，独ブンデスリーガ等で債務超過に陥っているクラブが少なくない。
4) 2010年度データでは，プロ野球は2,214万人／864試合（日本野球機構オフィシャルサイトによる），TDRは2,536万人／345日（2パーク合計：株式会社オリエンタルランド・ウェブサイトによる）となっている。

かった施策を通じて，観客にアピールすることで，X Games[5]やNASCAR[6]等といった巨大な観客数を誇る新しいスポーツが台頭してきている。その意味で，マーケティングによってスポーツをいかに顧客（＝観客）が満足できるエンターテインメント・ビジネスとして育てていけるか，また，スポーツの持つポテンシャルをいかに引き出していけるのかが，現在，問われているのである。

本章では試合会場での取り組みを中心として，観客を楽しませる仕組みについて説明する。観客を楽しませ，満足を最大限に高めることに成功すれば，観客は，再び足を運んでくれるリピーターとなる。そして，一度，コアなファンになると自ら進んで横断幕を作り，毎試合のように応援に来てくれるだけでなく，他の人々へその魅力を伝えてくれる強力なサポーターとしての役割を果たしてくれる。例えば，阪神ファンやJリーグに見られるような熱心なサポーターがこれに当たる。その意味で，コアなファンの多さは，観客満足のバロメーターと言っても過言ではない。こうしたコアなファンの存在は，試合会場を満員にする原動力となるだけでなく，試合そのものを盛り上げる役割を果たしてくれる。

満席のスタジアムやアリーナは，試合観戦の独特な熱気に包まれるものである。この種の空間は，日常生活から離れた非日常の空間となる。実際に5万人が入ったスタジアムではそれだけで地鳴りのような音が起り，その場で観客の多さを目にするだけでも観客の興奮と満足は劇的に向上する。そうした非日常の異空間を創造するためには，観客が何を求めて会場に集まるのかを十分に検討し，より多くの観客に来てもらえるような仕組みを意識的に創ることが必要

---

[5] 1994年からアメリカのケーブルテレビESPN主催で始まった競技大会でBMX（bicycle motocross）やサーフィン等の新しいスポーツが取り上げられており，現在は日本も含め多くの国々で放送されている。

[6] National Association for Stock Car Auto Racingの頭文字をとったもので，アメリカで行われている最大の自動車レースである。その観客動員数はアメリカでも有数で，多くのスポンサーが集まっている。

なのである。

第2節　観客満足とその向上

　試合観戦における観客満足はどのような側面から考察すべきであろうか。図表8－1は「試合観戦における観客満足の対象領域」について整理したものである。以下，説明する。
① 　第1の対象領域は「試合の質の向上」である。これは端的に言えば，強いチームを作り，スタジアムやアリーナ等，試合会場を整備することが主たるテーマとなる。観客は自分が応援するチームの勝利を，気持ち良く観たいことは言うまでもない。
② 　第2の対象領域は「試合を盛り上げる演出」である。これは試合そのもの以外のイベントやファンサービス全般を指す。また照明や音楽等もここに含まれる。
③ 　第3の対象領域は「グッズやフードの販売による雰囲気づくり」である。観客であるといっても，一部のコアなファンを除けば応援の仕方は分からないし，道具も持っていない。そこで，楽しく応援するグッズや，選手に関連するグッズを販売し，チームとの連帯感やサポーターの一体感を演出することで楽しさは増幅されることになる。

　ここで重要な点は，観客満足は試合会場だけで形成され，高まるものではないということである。実際に大きな観客動員に結び付けているチームやクラブは，試合の事前，事後にも観客に対して，さまざまなアプローチを行っている。例えば，欧米の一部のプロ・チームは，選手や監督等によるサイン会や握手会等のイベントの開催，ウェブサイト等を通じたさまざまな情報発信，関連グッズの販売，ファンミーティング等の徹底した取り組みを実行し，それを観客動員に結び付け，リピーターの囲い込みに成功している。

　以下では，図表8－1で示した観客満足の対象領域について，試合観戦前，試合観戦中，試合観戦後の3つの観点から，更に説明することにしよう（図表

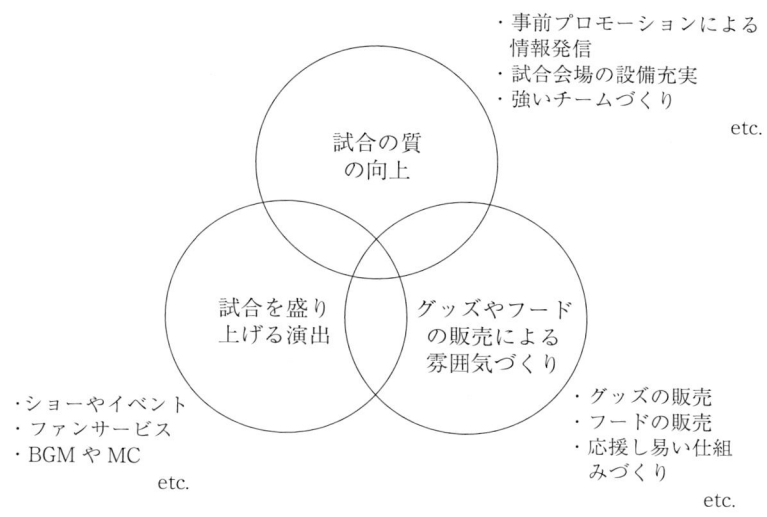

第8章　サービスの個別領域1：スポーツ　129

図表8-1　試合観戦における観客満足の対象領域

・事前プロモーションによる
　情報発信
・試合会場の設備充実
・強いチームづくり
　　　　　　　　　etc.

　　　　試合の質
　　　　の向上

試合を盛り　　　グッズやフード
上げる演出　　　の販売による
　　　　　　　　雰囲気づくり

・ショーやイベント　　　　　　・グッズの販売
・ファンサービス　　　　　　　・フードの販売
・BGMやMC　　　　　　　　　・応援し易い仕組
　　　　　etc.　　　　　　　　　みづくり
　　　　　　　　　　　　　　　　　　　etc.

出所：筆者作成。

8-2参照)。わが国のプロ・スポーツにおいても，既にこれらの取り組みは行われているが，散発的なものが多く，十分に連繋した展開は図られていない。何よりもテーマパーク等の他のエンターテインメント産業と比べるとそのアプローチは精緻さに欠ける。観客を惹き付け，リピーターにするためには単発で終わることなく，連続したストーリーの中で囲い込んでいくことが必要である。

（1）試合観戦前の取り組み

　試合観戦前に行う取り組みとしては，強いチームづくりの他に，会場設備の整備，事前プロモーション活動，ファンクラブの育成等の要素が考えられる。観戦において，先ず求められるのは試合の面白さである。とりわけ好きな選手の活躍や応援するチームの勝利が観客の満足を高めることは言うまでもない。その意味において，活躍する選手の育成・獲得と共に強いチームづくりを目指

図表 8－2　試合観戦における観客満足向上の仕組み

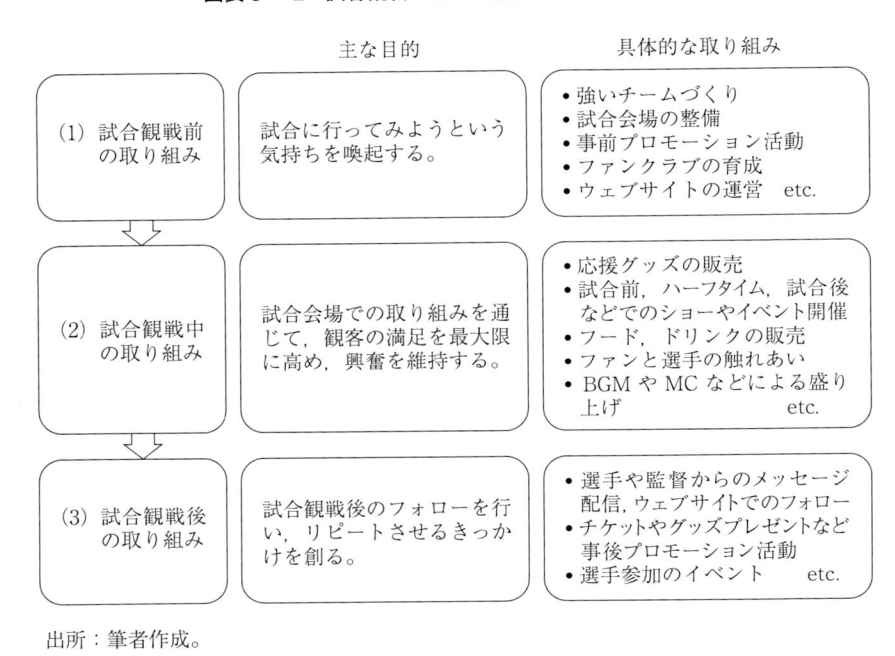

	主な目的	具体的な取り組み
(1) 試合観戦前の取り組み	試合に行ってみようという気持ちを喚起する。	・強いチームづくり ・試合会場の整備 ・事前プロモーション活動 ・ファンクラブの育成 ・ウェブサイトの運営　etc.
(2) 試合観戦中の取り組み	試合会場での取り組みを通じて，観客の満足を最大限に高め，興奮を維持する。	・応援グッズの販売 ・試合前，ハーフタイム，試合後などでのショーやイベント開催 ・フード，ドリンクの販売 ・ファンと選手の触れあい ・BGMやMCなどによる盛り上げ　etc.
(3) 試合観戦後の取り組み	試合観戦後のフォローを行い，リピートさせるきっかけを創る。	・選手や監督からのメッセージ配信，ウェブサイトでのフォロー ・チケットやグッズプレゼントなど事後プロモーション活動 ・選手参加のイベント　etc.

出所：筆者作成。

すことは不可欠の要素となる。

　次に，スタジアムや会場のハード，ソフトに関する諸要素も大きなテーマとなる。建物・施設としての機能はもちろんのことであるが，清掃の実施，会場の立地や最寄駅からの案内の有無・内容，入場・退場の際の管理，会場運営等で不満を持つ観客は少なくない。会場のトイレの数や喫煙所等の設備に対する不満や係員の接客態度等に関する不満もある。こうした課題について非常に評価の高いTDL（東京ディズニーランド）やTDS（東京ディズニーシー）は，キャスト（従業員）の教育を徹底することによって，接客技術（接遇技術）を高めると共に，顧客（入園客）の不満を収集し，設備の改善に活かしている。スポーツの領域でもこうした心配りは必要であり，まだまだ他のエンターテインメント産業から学ぶべき点は多い。

（2）試合観戦中の取り組み

　試合観戦中の取り組みには，試合会場に足を運んでくれた観客をいかに楽しませるかという課題がある。ここでの最大のテーマは，観客満足を高め，高い水準で維持することにある。スタジアムでもアリーナでも共通しているのは会場が閉鎖された空間であり，試合空間の提供側は自ら意図した演出を展開することができるという点である。コンサートや演劇並みのことはできないが，スポーツにおいても演出は不可欠である。重要なのは観客をいかにのせていくかということにある。ここでの具体的な取り組みとして挙げられるのは，先ず試合の前・中・後等に行われるイベントや選手との触れ合い等である。例えば，マスコットやチアリーダーの応援，サイン会や握手会，記念グッズや特別な体験機会の提供は，コアなファンの形成に資するだけでなく，エンターテインメントとしての面白さをアピールすることに繋がる。こうした演出の巧みさはアメリカのプロ・スポーツが際立っている。趣向を凝らしたイベント，十分に訓練されたチア，更にはグッズ売り場やフード・コーナーでのちょっとしたサービス等，そのサービスのきめ細かさは，TDLやTDSに近いものがある。観客は，試合そのものに加え，会場に足を踏み入れることで，それに付随するさまざまな楽しみに対する期待も抱いている。スポーツ観戦は試合や競技だけで構成されているのではなく，それに付随する各種のエンターテインメントの集合体であることを強く意識する必要がある。

　次にスポーツ観戦用のグッズや関連する食べ物や飲み物を提供することも大きなテーマである。こうした応援グッズは観客の一体感を醸成し，スポーツ観戦の臨場感を高める機能を持つものである。具体的には，応援するチームのカラーで作られたシャツやメガホン，フラッグやタオル，風船等，試合を盛り上げるための道具類の提供がこれに当たる。応援を通じて観客自身がその試合に参加しているという意識を形成するための仕組みは，観客を楽しませるためには不可欠なものである。他に試合会場でしか買えない限定グッズやそこでしか食べることのできないテーマ性のある食事・お弁当の提供等も観客の楽しみを増幅させるものとなる。

（3）試合観戦後の取り組み

最後に，試合観戦後に行うべき取り組みについて説明する。観客数を安定的に確保するためには，より多くのリピーターの獲得が不可欠である。その為には，試合を観戦した時の気持ちを喚起し，また観に行こうという気持ちを起こさせる取り組みが必要となる。とりわけスポーツ観戦をレジャー行動の一つとして捉えると，テーマパークや旅行等の他のレジャーとの競合[7]があり，これらに負けない魅力づくりを行い，リピーターを獲得することが求められる。より具体的には，チームとの一体感や親近感と共に試合会場の熱気と高揚感を思い起こさせ，次の試合に行くきっかけを与えることも重要なテーマとなる。例えば，チームがローカル局やケーブルTVの番組を買い取り，その試合に出ていた選手がファンにメッセージを出したり，次回の試合の見所を紹介し，直接ファンに呼びかけたり，イベント開催の告知を行うといったアプローチがこれに当たる。試合場で購入した応援グッズ等は次の試合でも活用できるので，これもリピーター獲得の一翼を担うものである。また，多くのテーマパークがバレンタインやハロウィーン，クリスマス等，期間を区切ってさまざまなイベントを行っているように，試合場に足を運ぶきっかけをより多く創り，アピールすることも必要となる。

選手や試合について，ファン同士が語り合うことのできるカフェやミュージアム等をチーム自身が運営したり，公認している場合もある[8]。そこでは，過去の試合の名シーンが流れていたり，ファンが直接チームに意見を送り，それに対するコメントが返ってくる場も設けられる等，ファンとチーム・選手の交

---

7) もちろん，スポーツと各種のレジャーとの間には，競合だけでなく協働もある。例えば，スポーツを題材にしたテーマパークやスポーツ観戦等のためのパッケージ旅行（sports tourism）等が挙げられる。
8) 例えば，ヨーロッパのサッカークラブ等では，ホームグラウンド施設内に，歴代の選手の記念品等が飾られたミュージアムやチームカラーに彩られたカフェ等を設けていることが多い。例えば，伊セリエAの人気チームACミランでは，ミュージアムやカフェ等に加え，試合のない日にはベンチ等も見学することができる等，専用スタジアムの利点を最大限に活用している。

流を生み出す仕組みが作られている。また，最近では，登録しておくと，試合後に選手や監督から，PCや携帯等にメールが配信される等のサービスを展開しているチームも少なくない。これらの取り組みは，次の観戦へと繋がることとなる。

　上記のように試合観戦時だけでなく，試合観戦前，試合観戦後の取り組みが連動し，正のスパイラルが生まれることによって，観客満足もそれに伴って高まっていくことになる。

第3節　プロ・スポーツの環境変化と課題

1　プロ・スポーツを取り巻く環境変化

　スポーツは大きな転換点を迎えている。巨大な利益を獲得することができるビジネスの対象となったことで，スポーツ種目間の格差が広がり，種目間で選手や観客の争奪戦が繰り広げられている。更に他のエンターテインメント産業との競合もより激しくなってきている。

　こうした大きな潮流の中でわが国のプロ・スポーツも変革が求められている。これまでわが国のプロ・スポーツの多くは，企業がメインスポンサーとなり，そこが主体となって運営する「企業スポーツ」と呼ばれるビジネスモデルに依拠してきた。プロ野球を初め，プロ・スポーツクラブやチームの多くはスポンサー企業の安定的なサポートによって成立しているところが多い。スポンサー企業が存在することは決して悪いことではないが，スポンサー企業の経営悪化がサポートを受けているプロ・スポーツに直接の悪影響を与えることも否めない。その一方で，クラブやチームの多くが観客動員の不振等で運営上の深刻な赤字に悩まされていという現状がある。

　こうした厳しい状況下で，多くのプロ・スポーツが懸命に取り組んでいるのが，メインスポンサーへの過度の運営依存からの脱却と地域密着の強化によって財務のバランスをとることである。観客の満足を高め，何度も足を運んでく

れるようなサポーターを地道に増やしていくことが，遠回りなようでプロ・スポーツ振興には最も効果的である。プロ・スポーツにおいて，地域密着型のビジネス展開は決して新しい考えではない。例えば，アメリカのメジャーリーグ，ヨーロッパのサッカークラブ等は，その名称の中に地域名を入れ，その地域にいる人々は地元チームを熱心に応援するという構図が定着している[9]。わが国でも以前から地域密着は謳われてきたものの，プロ野球に象徴されるように企業スポーツとしての色合いが濃く，それに慣れたわが国では，地域やそこに住む個人でチームをサポートしていこうという意識は乏しかった。しかしそのプロ野球でさえも，近年は地方に本拠地を移すチームが増える等，より地域にこだわった運営が志向される傾向が強まっている。こうした地域に根差したスポーツチームづくりは世界的にも幅広く採用されており，プロ・スポーツチームは地域経済とも密接に関わる存在となっている。

過度のスポンサー依存から脱却しつつ，顧客満足を高め，多くのファンを獲得してその関係性を維持していくことは，今後のスポーツ・ビジネスの展開にとって不可欠な要素となるだろう。

2　これからのプロ・スポーツとその課題

プロ・スポーツの多くは一部のスター選手や有力チームの華々しさが取り上げられがちであるが，ビジネス的には大きな構造的問題を抱えている。わが国の状況を振り返ってみると，近年，プロ野球のテレビ中継が激減し，Ｊリーグに至っては民放では殆ど放送されることがなくなってしまった。こうした現実からしても，プロ・スポーツが置かれている状況は厳しいものであることが分かる。更に，人々の価値観や好みの多様化に伴ってスポーツも多様化が進んでいる。新たなスポーツが次々と誕生し，スポーツ間のファンの囲い込み競争も

---

9) 行政及び税による補助もしばしば行われる。例えば，大リーグのスタジアムの建設には所在都市の市税等による膨大な額の補助が行われている。また，スタジアム使用料の免除等の措置もとられている。

待ったなしの状況である。1つのスポーツが脚光を浴び観客が増えると，他の既存のスポーツの観客数は減少する。こうしたゼロサム・ゲームが今後も続くことは間違いない。

　重要なのは，当該スポーツの競技人口を増やすことである。競技経験があれば，ルールや試合の見所も良く分かり，そのスポーツを観ることにも関心が高まる。野球やサッカー，バスケットボール等に見られるように，学校や地域でのスポーツ活動の普及・育成支援もここでの重要な課題となる。一方，試合観戦等の経験を経て，「面白さが分かった」「あの選手に憧れる」「自分もやってみたい」としてスポーツを始める場合も多い。良い試合をして，観戦を魅力的なものにすることが，そのスポーツの振興に繋がっていくことになる。プロ・スポーツと関連するスポーツ・ビジネスが成長していくためには，競技人口と観客動員の双方の維持・拡大が不可欠であり，スポーツがより大衆に受け入れられる仕組みを創ることが必要となるだろう。

　スポーツは人々に感動を与えることのできる強力な力を持っている。単なる満足ではなく，深い感動や熱狂とも言うべき興奮を与えることができる代表的なコンテンツである。その意味でスポーツが持っているポテンシャルは極めて高い。エンターテインメントの一環として，よりスポーツを楽しめるような環境を創り，こうしたスポーツの持つポテンシャルを活かすことのできるサービス・マーケティング上の工夫と展開が求められているのである。

【演習課題】

（1）試合観戦における観客満足について，満足をもたらす諸要素の内，「試合そのもの」以外の要素にはどのようなものがあるかを整理してみよう。＊試合そのものはコア・サービス，それ以外の要素は（主に強化型の）補足的サービス要素となる。

（2）わが国のプロ野球における試合観客動員の工夫について，各球団で実際にどのような取り組みがなされているかを調べ，整理してみよう。＊Jリーグ等，他のスポーツについても考察すると良い。

参考文献

木村剛〔2011〕「スポーツ・マーケティング」小宮路雅博編著『現代マーケティング総論』同文舘出版,第13章所収,pp.185-200。
鈴木友也〔2011〕『勝負は試合の前についている』日経BP社。
原田宗彦編〔2008〕『スポーツマーケティング』大修館書店。

Pitts, B.G.and D.K.Stotlar〔2002〕*Fundamentals of Sport Marketing 2nd ed.*, Fitness Information Technology.（訳書,首藤禎史・伊藤友章訳〔2006〕『スポート・マーケティングの基礎〔第2版〕』白桃書房）

株式会社オリエンタルランド　http://www.olc.co.jp/tdr/
日本野球機構　http://www.npb.or.jp/

（木村　剛）

第9章
サービスの個別領域2：旅行業と交通事業

　本章では，観光を念頭に置きつつ，サービスの個別領域として旅行業と交通事業を取り上げる。旅行業と交通事業は，宿泊業と共に観光を成り立たせるための重要な要素となっている。宿泊業については，次章（第10章）で説明を行う。

　観光が成立するためには，幾つかの要素が必要となる。先ず，観光を行う人，すなわち「観光主体」が存在しなくてはならない。次に観光の客体として「観光対象」が存在する必要がある。観光対象は，観光の素材そのものとしての「観光資源」とそうした観光資源を軸として観光主体のニーズ（欲求）を充足させるための「観光施設」とに大別できる。そして，観光主体の日常生活圏と観光対象との間には距離があるため，移動を通じて両者を物理的・空間的に結び付け，或いは両者が必要とする情報をそれぞれに提供する「観光媒介」が必要となる[1]。

　観光の成立には，観光主体が自身の日常生活圏から離れ，観光対象（観光資源）へと移動することが必要である。ここで，交通事業は日常生活圏と観光対象間の物理的な距離を結び付ける観光媒介となり，宿泊業は観光主体のニーズを充足させるための観光施設となる。そして，旅行業は情報の媒介を含め，こうした要素を有機的に結合させる多様な機能を担っている。

　以下，旅行業と交通事業それぞれに分けて，概要を述べた上でマーケティン

---

[1] 観光主体，観光対象，観光媒介については，詳しくは徳江〔2011〕pp.174-178を参照されたい。

グ上の留意点について説明していく。

第1節　旅行業

1　旅行業の概要

　観光は，観光主体にとって非日常空間への移動であるためにさまざまな不確実性に満ちている。例えば，海外旅行であれば意思疎通を図るための言葉の相違，支払いに必要な通貨の相違，そして文化的・宗教的観念の相違，更には日常のちょっとした作法や習慣の相違に至るまで，普段の生活では経験することのない多くの相違点に囲まれている。その為，海外旅行は，極めて社会的不確実性の高い環境での行為を伴うものであると言えよう。

　こうした多くの相違点があるからこそ，観光には楽しみや感動が生じるのであるが，一方で社会的不確実性から生じる危険に直面しかねないというリスクも抱えている。こうしたリスクをなるべく減らしつつ，観光にまつわる多様な要素を有機的に結び付け，観光主体が非日常を楽しめるようにサポートする役割が旅行業の大きな存在意義である。また，観光とは異なる仕事上の旅行についても，例えば団体での行動等においては旅行業の出番となる。一度に多くの人間が移動できるようバスを手配したり，同じ宿泊施設に多数の客室を確保したり，更にはセミナーを開催できるスペースを確保したりといった，個人では難しい或いは個人では非効率な対応については旅行業による手配が有効となる。

　わが国の旅行業は，旅行業法によって規定されている。旅行業法第2条第1項で，旅行業とは「①報酬を得て，②旅行業務を行う，③事業」とされている。以下，それぞれの内容について説明する。

① 「報酬を得て」：顧客から対価を得たり，各種観光施設或いは交通事業や宿泊業からの販売手数料を受け取ったりすることで事業を成立させているということである。従って，無報酬で知人のために旅行の企画をしたとしても，それは旅行業には該当しないということになる。

② 「旅行業務」：旅行業務は，更に以下の3つに大別される。a) 旅行者の

ためになされるものであり，交通事業者や宿泊事業者等の観光に関係するサービスの提供を受けることについて媒介，代理，取次をする行為である。b）交通事業者や宿泊事業者のためになされるものであり，旅行者への運送や宿泊サービスの提供について媒介，代理をする行為である。c）他人の経営する交通事業や宿泊施設を利用して，旅行者に対して運送や宿泊等の観光に関係するサービスを提供する行為である。
③ 「事業」：ビジネスとして継続して行われることが必要であり，イベント的な単発での行為については旅行業に該当しないことを意味する。

　ここで重要なのは，旅行業者は実は観光に関係するサービスそのものは何ら提供しておらず，あくまで旅行者，或いは観光に関係するサービスの提供者の文字通り「代理」をしているに過ぎないということである。このことは，旅行業者がしばしば「旅行代理店」と呼ばれる理由でもある。つまり，個別のサービス提供者は，それぞれの事業についてのマーケティング活動を行って需要の創出を図っていくことが，事業展開上の重要なポイントとなるのに対し，旅行業では旅行や観光という人間活動の全般に渡る需要創出をも意識する必要があるということになる。

　すなわち，旅行業がマーケティングを行う際に留意しなければならないのは，自社の顧客に対して精一杯の対応をすることだけでなく，潜在的な市場も含め広く市場全体に対して旅行や観光に対する欲求を刺激し，いかにそういった需要の創出を図るかということである。

2　旅行業の役割

　旅行業においては，「アゴ，アシ，マクラ」と言われる料飲サービス，交通，宿泊の各事業者が提供するサービスを有機的に結び付ける役割が重要である。旅行者は，生きるためには食事をせざるを得ない。その為に非日常空間において食事をいかにアレンジするかが最低限の前提となる。名産品や特産品等の「その土地ならでは」の食材や料理に対するニーズも生じるだろう。しかしながら，旅行者が見知らぬ土地で，自身のニーズを適切に満たしてくれる食事に

接点を求めるのは困難を伴う。例えば，海外旅行であれば，土地勘もない状況で言葉も通じず，コミュニケーションが満足に取れないままで，口に合わないものや食べたくもないものを食べる状況にもなりかねないだろう。

遠く離れた場所への移動手段も確保する必要もある。かつての旅は，ごく一部の特権階級を除き，自分の足での移動が基本であった。殆どの人が，自身の一生を徒歩で移動できる範囲内で終えていたであろう。現代においては，航空，鉄道，自動車，船舶と多様な移動手段があり，移動に際してはこれらが予算とスケジュールに応じて選択されることになる。更に人は，睡眠なしに生きることもできない。特に非日常空間においては色々と気を遣うこともあり，普段よりも疲れることが多い。こうした環境下でいかに休息と睡眠のための空間を確保するかも重要なポイントとなる。

旅行業の役割としては，以下の2点が特に注目される。

(1) 問屋的・小売業的役割

旅行業は，観光に関係するさまざまな要素と旅行者との間に立って，諸要素を有機的に結合させる言わば問屋的な役割，或いは小売業的な役割を果たしている。旅行サービスそのものは流通することはないが，サービスの利用権は流通する。この利用権を組み合わせて「旅行商品」に仕立て上げ，旅行者が旅行という一連の流れを消費するためのアレンジを行うことは，旅行業の最も重要な役割と言えるだろう。

旅行業は，問屋或いは小売業である以上，一般の旅行者が入手するよりも大きなロットで利用権を安価に仕入れることができる。その為に旅行業で組み上げられたいわゆる「パッケージツアー」は，旅行者が個々に自分で手配するよりも安価に提供することが可能となる。また，逆にパッケージツアーを構成する諸要素を「バラ売り」することによって，個人での手配よりも安価に利用することが可能となったりする。格安航空券が出回ることになったのはその好例である。つまり，一定以上のロットを仕入れた旅行業者に対して支払われるリベートを原資として，ギリギリまで値引いた航空券をバラ売りしたわけである。

（2）情報媒介の役割

　旅行業は，観光媒介としてのもう一つの役割，すなわち「情報媒介」の役割も果たしている。仕事上の旅行でなければ，旅行者は観光に対する自らの欲求を喚起されなければ観光主体になり得ない。その観光欲求を喚起する重要な手段が，観光対象に関する情報の伝達ということになる。具体的には，観光対象の持つ魅力を，写真や映像，文章等を用いて消費者に伝えることによって，消費者は観光動機を喚起される。旅行業者の店頭には大量のパンフレットが並んでいるが，これはまさに観光動機を喚起するための手段である。もちろん，テレビでの観光地特集等によっても観光需要は生起させられるのであるが，問屋的・小売業的な役割を果たす存在として，消費者に直接の接点を持っている旅行業が働きかける意味は大きいといえよう。

3　旅行業者の分類

　旅行業者は，以下のように問屋的な存在であるホールセラーやディストリビューター，小売業的な存在であるリテーラー，そしてその両者を兼ね備えた存在である大手総合旅行業者に大別することができる[2]。

　① 　ホールセラー：パッケージツアーを企画・実施する旅行業者である。基

---

[2] 旅行業界における特徴として，小規模事業者が多いという点が挙げられる。旅行業には1万社以上が存在するが，その内，従業員数が1,000人を超えているのは20社に満たない（これには，近畿日本ツーリスト㈱，㈱日本旅行，㈱エイチ・アイ・エス，トップツアー㈱，㈱阪急交通社，名鉄観光サービス㈱，㈱農協観光，ANAセールス㈱，㈱パシフィックツアーシステムズ，クラブツーリズム㈱の各社と2005年から2006年にかけてグループ再編を行ったJTBグループの㈱JTB首都圏，㈱JTBトラベランド，㈱JTB西日本，㈱JTB中部，そしてJR各社の内，西日本旅客鉄道㈱，東日本旅客鉄道㈱，九州旅客鉄道㈱，北海道旅客鉄道㈱の18社が該当する）。旅行業にはいかに小規模事業者が多いかが伺えるが，特性としては，小規模事業者ほど海外旅行の取扱比率が高いということが挙げられる。この理由としては，海外旅行の方が高単価であるために，同じ1件の取り扱いでも利益を見込め，小規模事業者にとって参入し易いことが挙げられる。また，他に交通機関や宿泊施設との取引慣行上の要因もある（この辺りの事情は，例えば，佐藤〔1999〕pp.156-160を参照されたい）。

本的に旅行客への販売は行わずに小売を行う旅行業者に対して卸売を行っている。

② ディストリビューター：ホールセラーと同じく小売を行う旅行業者に卸売をする業者である。但し，パッケージツアーを扱うのではなく，旅行に関する素材をそのまま卸売したり，交通機関と宿泊とをセットにして卸売したりする。

③ リテーラー：ホールセラーによるパッケージツアーの販売や受注型企画旅行や手配旅行の販売を行う旅行業者である。

④ 大手総合旅行業者：パッケージツアーの企画のみならず受注型企画旅行や手配旅行等のあらゆる旅行業務を行い，かつ旅行者に直接販売も行う旅行業者である。

旅行サービスの利用権が，上記の各旅行業者を通じて消費者に流れていくことは，財（物財）の流通における「商流」に該当する。そして観光対象に関する情報が消費者に流れたり，消費者のニーズに関する情報が観光対象に流れたりすることは，「情報流」に該当することになる[3]。上記は，図表9－1を参照されたい。

4　旅行需要の変動

旅行業のビジネスにおいては，在庫や流通が不可能な「サービス」を対象として扱っているという特性上，何らかの方策を講じることによって需要の変動に対応せざるを得ない。実際に，旅行需要の季節変動，月変動，曜日変動は極めて大きいために，航空運賃や宿泊施設の宿泊料は，閑散期と繁忙期とで数倍の開きが出ることも珍しくはない。

また，より長期に渡る変動は，更に大きい場合があることについても言及し

3）財（物財）の流通においては，以下の4つの基本的な流れ（流通フロー）がある。①商流（商的流通）：財の所有権移転の流れ，②物流（物的流通）：財の物理的移転の流れ，③情報流：生産・消費間の情報の流れ，④資金流：商流と表裏一体だが，逆方向に流れる資金の流れ。

図表 9 − 1　旅行業者の分類と「問屋的・小売業的役割」概念図

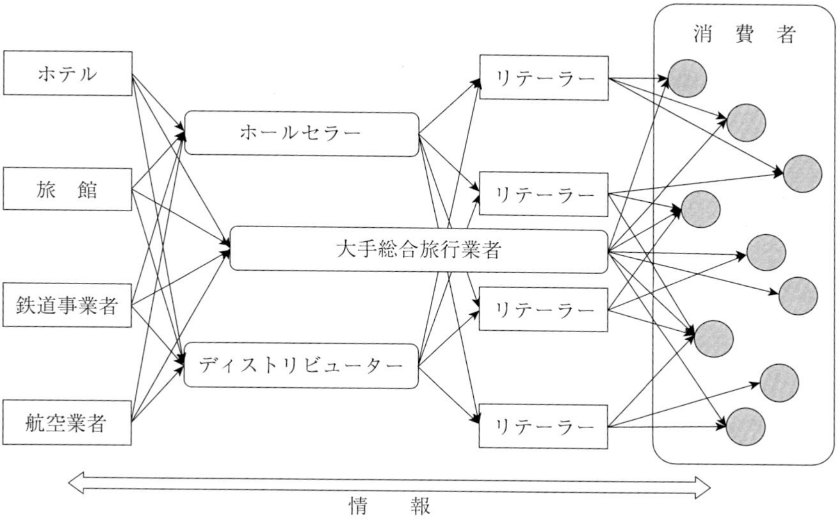

```
ホテル ──┐         ┌─ リテーラー ──→ 消費者
         ├→ ホールセラー ─┤
旅　館 ──┤         ├─ リテーラー ──→
         │         │
         ├→ 大手総合旅行業者 ─┤
鉄道事業者┤         ├─ リテーラー ──→
         │         │
         ├→ ディストリビューター ─┤
航空業者 ──┘         └─ リテーラー ──→

←──────────── 情　報 ────────────→
```

出所：筆者作成。

ておかねばならない。国内旅行市場で考えた場合，国家的なイベントの開催や国全体としての景気の動向，そして大規模な災害の発生，更には余暇に関する環境の変化といった要因によって，旅行者数は大きく増減することになる。

わが国の国内旅行者数は，1980 年代には一貫して増加し続け，1992 年に 319 万人を記録したのち，一旦は減少した。その後は多少の変動がありながらも微増の傾向を示していたが，2003 年に 325 万人に達した後は，大きく減少してきている。ここで注目すべきは，1998 年には長野オリンピック，2005 年には愛知万博といった国家的イベントが開催されたが，国内宿泊旅行者数に対する影響は殆どなかったことである。特に 2003 年から 2009 年（288 万人）までの減少率は実に 1 割以上にも達しており，国家的なイベントの開催以上にこの間の景気低迷による影響が非常に大きいと考えられる。このような全国規模のイベントに関しては，近年の上海における万博では中国国内から多数の旅行者

が訪れ，旅行需要に対する影響も大きかったと考えられ，わが国でもかつてはこの種の国家的巨大イベントが旅行需要を大きく喚起していたものである。しかし，近年のわが国では必ずしもプラスに寄与するとは限らなくなってきていることが伺える。

わが国を含む先進諸国においては，マクロ環境で考えた場合，こうした「国を挙げてのイベント頼り」つまり「点」を軸とした需要喚起ではなく，むしろ地域毎の面的なキャンペーン等が旅行需要を増加させることがある。JRが中心となって行ってきた「デスティネーションキャンペーン」が良い例である。

そして大規模な災害の発生，更にはテロの脅威といったことも，観光需要には大きく影響を及ぼすことが知られている。海外渡航者数も国内市場と同様の理由に加えて，為替相場の変動，戦争や紛争，そしてテロや伝染病の脅威といった要因によって大きく左右される。

日本人の海外渡航者数については，1964年に海外渡航が自由化されてからこれまで，全体としては増加基調にある。1964年には13万人であった渡航者数は，オイルショックの影響等を受けつつも順調に増加し，1986年には552万人を数えるまでになっていた。そして，その後の急激な円高の進行と共に，海外渡航者数も増加し，1990年には1,000万人を超えている（1,100万人）。湾岸戦争が勃発した1991年（1,063万人：前年比37万人減），米国同時多発テロが起きた2001年（1,622万人：前年比160万人減），SARS（重症急性呼吸器症候群）の発生やイラク戦争が勃発した2003年（1,330万人：前年比322万人減）には減少しているが，一方で関西国際空港が開港した1994年（1,358万人：前年比165万人増，1995年には更に約200万人増の1,530万人）以降には大きく増加している。

また，訪日外国人旅行者数については，全体としては日本人海外渡航者数推移と同様に右肩上がりとなっているが，細かく見ていくと1986年からの急激な円高で一時減少した（1985年：233万人→翌1986年：206万人）のを初め，バブル崩壊後の1990年代前半もやや減少している（1992年：358万人 → 翌1993年：341万人）。1990年代半ばからは，ITバブルやファンド・バブルの影響等により増加し始め，2003年からの「ビジット・ジャパン・キャンペーン」からは，

やや増加ペースが上がったようである。その後，2009年のリーマン・ショックによって約2割もの減少をみたが（2008年：835万人 → 2009年：679万人），2010年には再び2008年を超え過去最高の861万人となった。しかしながら，2011年3月11日に発生した東日本大震災とそれに伴う東京電力福島第1原子力発電所の大事故により放出された放射性物質の脅威によって，2011年は622万人に激減しており（前年比27.8%減。これは過去最大の減少率である），今後の入国者数も短・中期の回復は困難であることが見込まれる。

いずれにせよ，旅行業はこうしたマクロ環境に大きく左右される特性があるということは忘れてはならない。

5 旅行需要へのアプローチとマーケティング

旅行需要はサービスとしての特性上，或いはマクロ環境要因によって大きく変動する。この基本特性は排除できない。しかしながら，その一方で旅行業の持つ情報媒介という機能によって旅行需要が喚起，或いは創造されることも重要なマーケティング上の理解のポイントとなる。

前述した通り，旅行業の店頭には色とりどりのパンフレットが並んでいるが，こうしたパンフレットには消費者に「旅行したい」という気持ちになってもらうべく，美しい自然風景や古くからの文化遺産の写真が満載されている。これは，もちろん自社の顧客となってもらうために行われる各旅行業者によるプロモーションの一環ではあるが，一方で「旅行市場の拡大」というマクロ面での効果という側面も有している。上記は，マクロ的な市場拡大がなされない限り，自社単独での売上増加も見込めないという旅行業の一側面を表している。また，交通と宿泊とをセットにすることで，割安感を訴求するようなアプローチもしばしば行われている。このパターンは，旅行業の問屋的・小売業的な立ち位置を活かして，旅行に関係する複数の要素を編集して一つにまとめ，個別的に手配するよりも安価に提供することを実現しているものである。

また，近年の環境変化としては，インターネットの発達と普及を軸として観光諸要素と消費者との間の関係性が大きく変化したことが挙げられる。かつて

はまさに代理店として旅行者と観光諸事業者との間に立って代理業をしていた旅行会社を通さずに，特に航空券やホテルについては，旅行者が諸事業者へ直接予約をすることが主流となってきている。

このようにして考えると，旅行業の扱ってきた「サービス」とは，「代理」することそのものなのか，旅行全体を対象とするのかで，旅行業のマーケティングが示すところが大きく変わってくることが理解できよう。代理のみが提供サービスである場合，販売代理店としての役割が強調されるため，価格や利用権の流通，そしてプロモーションの主体はどちらかといえば旅行要素の提供側，すなわち交通機関や宿泊施設側ということになる。旅行に関するマクロ需要がどんどん増加している環境下であれば，販売代理店に徹することで，大きな利益を得ることが可能であったりもしただろう。しかし近年の状況変化の激しい環境下においては，このことが必ずしも武器にはなり得ず，むしろ例えば過剰な価格競争を引き起こす等，弊害にもなってしまっている面が見受けられる。

すなわち，旅行代理店から旅行業への変化こそ，まさに提供するサービスが何であるか，提供しているベネフィットが何であるかの変化であり，それに伴う価格，流通，プロモーションにおける方向性の転換を意味しているのである。

第2節　交通事業

1　交通事業の概要

人々の移動を担う交通事業には，主なものとしては鉄道事業，航空事業，船舶事業，そしてバスやタクシー等の自動車関連事業といったものが存在する。こうした交通事業の需要構造としては，他の目的のために移動するものと移動そのものを目的とするものとに分けられる。また，「他の目的」の種類は，通勤や出張等のような公的な用務と旅行等のような私的な用務に伴うものとに分けられる（図表9-2参照）。

図表 9 − 2　移動の目的分類

	移動が目的	他の目的に付随
公的な用務	一部の調査等	通勤，通学，出張
私的な用務	旅　行	旅行，日常の用件

出所：筆者作成。

　交通事業が提供するコア・サービスとは，地点間の移動である。但し，人は自分の足で歩いて移動することも可能である。なぜ，この移動を交通事業者に「アウトソース」するかというと自身の足で実現し得るよりも遥かに長い距離を短時間で移動することが可能となるためである。

　また，この長距離短時間移動にかけ得るコストによって，個別移動か集団移動かの相違点も生じてくる。自身が今いる地点 A_1 から目的地である地点 B_1 まで，自分単独で行くのであれば，自家用車を用いることも含めて，最も短時間で最もストレスなく（他人のことに気を遣うことなく）移動が可能であるが，その分コストがかかってしまう。一方で，近隣の需要 A_2, A_3, A_4, …A_n から B_2, B_3, B_4, …B_n までの需要も束にしてまとめて A から B へと移動することによって，劇的にコストを低下させることが可能となる。目的地までずっとタクシーで行くのと鉄道や路線バスを乗り継ぎながら行くのとでは，大きな金額の相違が生じることからもこのことは明らかであろう。

　公的な用務においては，用務に伴う制約によって用いられる交通機関は異なってくることになる。所属する企業等，組織によっては一定距離以上でないと新幹線を使ってはいけないといった制約が課せられていたりするのがその例である。利潤を追求する企業の場合には，距離或いは空港までのアクセスや乗り換え等を含めた時間と費用とのバランスによって，旅客機，新幹線，在来線の特急・普通列車のいずれが使えるか決まっていることも多いだろう。

　私的な用務の場合には，利用者が自身の予算や金銭的余裕と相談して決めることになる。早く目的地に着きたい或いはより快適に移動したい場合にはより

高価格の選択肢が選ばれることになり，そうでない場合には，公的な用務と同様に時間と費用とのバランスによって選択肢が決まることになる。

　わが国の交通事業の特徴として挙げられるのは，他の先進諸国と比べて鉄道事業の占める割合が高いことである。特に，大都市周辺においては，鉄道事業なしでは経済活動が成り立たないといっても過言ではない状況である[4]。

　わが国における鉄道事業の事業規模は，旅客に関して言えば世界有数である。例えば，JR東日本の新宿駅における1日平均乗客数は736,715人[5]にも達し，日本一となっている（2010年度）。これは同時に世界一でもある。わが国で最も利用者の多い東京国際空港（羽田空港）の利用者数が直近最多の2007年度1年間で約6,690万人[6]（1日当たり約183,300人）であったことを踏まえると，人数で言えば鉄道はまさに群を抜いて大量の輸送を担っていることが伺える。

　また，鉄道事業者は，特に大都市に路線を持つ大手の鉄道事業者の場合，不動産や観光関連事業等，多様な付帯事業を傘下に持つコングロマリットとなっていることが多い。これは，元々は輸送そのものが事業目的であったところに，人の移動需要を創出するような他の需要創造を鉄道各社が行った結果によるものである。鉄道事業者は都心部と郊外とを鉄道で結んだだけではない。郊外に住宅開発を行い通勤需要の創出を行い，通勤の時間外にも移動してもらうためにターミナルに百貨店を建て，そしてターミナルへの移動は一方向的であるため，逆方面や通勤需要が減少する週末のために郊外側に遊園地・野球場や劇場等を作り，更に住宅地の展開によって一次元的な「線」としての移動では満たし得ない移動需要が発生するとバスやタクシー事業によって応え，加えて住民との関係性を軸として，鉄道事業の営業地域外への観光に応えるためにホ

4）実際に東日本大震災の際には，首都圏でJRを中心として多くの路線が運休してしまったために，数百万人規模で帰宅困難者を生じさせることになった。

5）JR東日本調べによる（JR東日本ウェブサイト「各駅の乗車人員」）。なお，これは乗客数のみであり，乗降客数の場合はこの倍であることに注意されたい。また，新宿駅に乗り入れている他の鉄道事業者も含めると，1日400万人近い乗降客がいると言われる。

6）国土交通省ウェブサイト「暦年・年度別空港管理状況調書」による。

テルや旅館等の宿泊施設や旅行業を設立していったのである。

　このビジネスモデルは，阪急電鉄で小林一三[7]が実践して同社の飛躍を実現したのみならず，わが国における他の多くの私営鉄道事業者にも影響を及ぼすこととなった。

　鉄道事業は一定量以上の輸送を確保できた場合には，コスト削減効果が非常に大きな交通機関であると考えられている。例えば，日本国有鉄道（旧・国鉄：現 JR 各社）時代に開業した新幹線（東海道，山陽，東北の各新幹線）は，鉄道の持つ一次元的特性を最大限に発揮して，安価でかつ短時間での遠距離移動を実現することとなった。これらの新幹線は，1本の列車に1度に1,300人以上を乗せ，時速300km 近い速度で4〜5分の間隔で安定的に輸送できる。こうした交通手段は他には存在していない。

　但し，鉄道は一次元的移動しかできないために，自動車関連事業のように二次元的移動が可能な業種ほどの直行性は持ち得ない。その為に，多くの場合に乗り換えが生じてしまうことになる。効率的な乗り換えをいかにしてストレスなく実現するかが，鉄道の競争力向上のポイントとなってくる。

2　交通事業の競争環境

　目的地へ早く移動することは，交通事業の言わば「コア・サービス」であり，本質的な競争力の源泉となると言えるが，一方で移動の快適さは「サブ・サービス」として，これも競争優位を確立するポイントとなる。例えば，東京と大阪の移動について考えてみよう。東京−大阪間は，移動する人数と移動距離の積で比較した場合にわが国で最も大きな数字が表れる区間であると思われる。この区間での移動には，旅客機，新幹線，高速バスと多様な交通機関が用意されている。

---

7) 小林一三（1873〜1957年）は，阪急電鉄の創業者であり，鉄道を軸として都市開発や流通業，観光娯楽業等を一体的に展開して相乗効果を上げるというわが国独自の私鉄経営のビジネスモデルを構築した。このモデルは，東急電鉄を初め，多くの私営鉄道事業者でも模倣された。

時間的には旅客機＞新幹線＞バスとなるが，価格も当然，旅客機＞新幹線＞バスとなる。旅客機での所要時間は約1時間である。但し，旅客機を利用する際の価格は，時期や曜日，或いは時間帯によって大きな差が生じる。安いものでは8千円台からあるが，普通運賃は22,670円となる（2012年現在）。また，日本航空では，クラスJ利用の場合には1,000円プラス，ファースト・クラス利用の場合には8,000円プラスである。

　一方，この中で価格差が最も少ないのは新幹線である。新幹線には「のぞみ」「ひかり」「こだま」と3種類あり，東京－新大阪間の所要時間は2時間半～4時間となり，運賃は「のぞみ」が14,050円，「ひかり」と「こだま」は13,750円（いずれも通常期の指定席利用の場合），そして予約の変更が不可である等の制限があるJR東海ツアーズの「ぷらっとこだま」を利用した場合には10,000円（通常期）となる。グリーン車利用の場合には5千円程度のグリーン料金が加算される。高速バスは所要時間が8～9時間かかるが，事業者数も極めて多く，利用形態もさまざまであるため，価格は更に多様であり，高いものでは10,000円前後から利用当日であれば2,000円台という破格の安さが提示されることもある。

　すなわち，最も高いのが旅客機のファースト・クラス利用で30,670円，最も安価なのが高速バス利用の2,000円台となり，その中間に上記の各諸条件で散らばるということになる。これをイメージで表すと図表9－3のようになる。

　価格帯では旅客機のクラスJ，エコノミー・クラスと新幹線が競合状態にあることが分かる。また，高速バスは独自のポジションをとっていることも理解できよう。旅客機と新幹線の競合は，後述するように空港の立地上の問題から，場所によっては空港までのアクセスに時間がかかり，両者の時間差が縮まることがあるために生じている。また，座席3列の高速バスは，4時間かかる「こだま」の制約条件付きの場合と同程度の価格となっており，3時間を切る「のぞみ」や「ひかり」とは直接的に競争できなくとも，「こだま」とはある程度，競合状態にあることが伺える。

図表9－3　東京－大阪間の交通事業の価格帯比較

円	0	2,000	5,000	10,000	15,000	20,000	25,000	30,000
旅客機注1					クラスJ　エコノミー・クラス		ファースト・クラス	
新幹線					のぞみ　ひかり　こだま			
バス注2			座席4列	座席3列				

注1：旅客機は日本航空の航空運賃。
注2：バス料金については，高速バスの料金比較ウェブサイトから複数社の情報を総合して示している。
出所：筆者作成。

3　交通事業の特性とマーケティング対応

　上述した競争環境において，交通事業者は，それぞれの特性に応じた対応を取っている。例えば，旅客機は完全に2地点間の需要のみしか満たせないために，空港まで他のアクセス手段を必ず使わざるを得ないのに対し，新幹線やバスは一部の経路途中で生じる需要にも応え得る。東京－大阪（新大阪）間のみならず，品川や横浜（新横浜）－大阪（新大阪）間といった需要に対しても，経路上であれば新幹線は応えることができる。更にバスは法的に利用することが許されている舗装された道路さえあれば，二次元的にサービス提供が可能でもある。

　そして，それぞれの前提となる一定の時間での移動に対して，どの交通事業者も移動の際の快適さや付帯サービス等を通じて差別化も模索している。航空事業ではファースト・クラス，ビジネス・クラス（国内線では他の名称もある），エコノミー・クラスといったクラス分け，鉄道事業ではグリーン車と普通車，高速バスでは4列と3列等のシートの相違，船舶事業では1等・2等，といった形で対応されている。

こういった視点では，最近のJR東日本の東北新幹線における「グランクラス（GranClass）」の出現は，更なる差別化を志向した対応として注目される。JR東海が運営する東海道新幹線では，グリーン車と普通車という区別はあるもののかつて存在した食堂車や個室等は廃止して，現在では2種類のサービス提供に集約している。その一方，東北新幹線の「グランクラス」は，これまでの「はやて」を超える速度の「はやぶさ」の誕生に際して，グリーン車の更に上級グレードとして設定されたものである。これは，かつての国際線3クラスが一般的だった時代に「アッパー」と呼ばれるクラスを導入したヴァージン・アトランティック航空の例等にも似た方向性であり，言わば新しい競争軸として新商品が投入された例として考えることができよう。

　結局のところ，競争が激しい環境において，何らかの差別化を模索することは他の業種と同じである。交通事業における競争優位の源泉として最も強いものは「移動時間の短縮」であるが，東京－大阪（新大阪）間で2時間半を実現した東海道新幹線は，他の交通機関と比べて圧倒的な競争力を持っているために，自社商品内での多様化を志向する必要性が低くなったと思われる。一方，JR東日本のグランクラスは，競争環境が厳しくなることを見越した対応である。また，東京－大阪（新大阪）間については，逆に新幹線のぞみによって時間短縮を実現したために，競争力が低下した航空では価格の多様化が行われ，消費者の制約条件に応じてきめ細かく対応しようとする意識が見て取れる。移動時間では他の交通事業に太刀打ちできない高速バスは，二次元性を活かした直行性と価格の多様化で対応している。

　更に，この直行性やそれによって実現される時間短縮については，同一事業内の競争でも意識されている。JR東日本が「湘南新宿ライン」を開発し，新宿や渋谷から目的地までの到達時間を短縮したのに前後して，小田急電鉄や東急電鉄でも新しい列車種別を設定することで主要目的地間の時間短縮を図った。京成電鉄が新路線を開設して成田空港までの「スカイライナー」の所要時間を大幅に短縮した際にも，JR東日本は「成田エクスプレス」に新型車両を投入して快適性を向上させ，京成では実現できない出発地の多様化によってス

カイライナーに対抗している。

　また，終電の後を補完する存在としての深夜バスや長距離の夜間高速バスもその時間帯に運行できない（或は運行できても価格面でバスには対抗できない）他の交通事業者との競争を見据えて投入されたものである。特にそれまでよりも低価格で市場投入された場合には新しい市場を創造することにもなり，交通需要そのものが大きく拡大することになる事にも注意が必要であろう。

【演習課題】

（1）旅行会社の海外パッケージツアーのパンフレットを題材にして，ツアーがどのような要素から成り立っているかを比較検討してみよう。＊複数のパンフレットについて，比較検討してみると良い。また，それぞれ①差別化訴求されている要素はどれか，②ツアー代金に含まれる要素と含まれない要素はどれか，についても検討してみると良い。
（2）JR東日本等の交通事業者の行うデスティネーションキャンペーンについて，その内容や仕組み等を具体的に調べてみよう。

参考文献

佐藤喜子光〔1999〕「旅行業」長谷政弘編著『観光ビジネス論』同友館，第11章所収，pp.152-160。
徳江順一郎編著〔2011a〕『サービス＆ホスピタリティ・マネジメント』産業能率大学出版部。
徳江順一郎〔2011b〕「観光マーケティング」小宮路雅博編著『現代マーケティング総論』同文舘出版，第12章所収，pp.171-183。

国土交通省ウェブサイト　http://www.mlit.go.jp/
JR東日本鉄道株式会社ウェブサイト　http://www.jreast.co.jp/

（徳江順一郎）

第10章
サービスの個別領域3：宿泊業

　本章では，サービスの個別領域としてホテルや旅館等の宿泊業を取り上げる。宿泊業の分類と規定，宿泊業の業態の多様化について概説した上で，ホテル業のマーケティング上の特徴点と実際について仮設例を用いて説明を行う。

第1節　宿泊業の分類と規定

　宿泊業という業種においては，ホテル，旅館，インといった多様な用語が入り混じって用いられている。宿泊業について考える際に先ず問題となるのは，これら多様な用語をどのように分類し，規定するかということである。最初に宿泊業の分類と規定について概説する。

1　法令による分類と規定

　宿泊業の最もオーソドックスな分類として，法令によるものを紹介する。宿泊業を規定している法律には，旅館業法と国際観光ホテル整備法とがある。

（1）旅館業法
　旅館業法は，旅館業の健全な発達を図ると共に，その利用者の需要の高度化及び多様化に対応したサービスの提供を促進し，公衆衛生及び国民生活の向上に寄与することを目的として1948年（昭和23年）に制定されたものである。同法における「旅館業」とは，日常的な意味での「旅館」のことではなく，宿泊業と同義である。

同法第2条は宿泊施設を①ホテル，②旅館，③簡易宿泊所，④下宿の4つに区分している。この内，簡易宿泊所とは，宿泊する場所が主として多人数で共用され，宿泊または宿泊と食事を利用客に提供する施設である。具体的には，山小屋，ベッドハウスやカプセルホテル等が該当する。また，下宿とは主として長期間（通常は月を単位とする），食事付きで宿泊を提供または寝具を提供して宿泊させる施設を指す。但し，住宅及び住宅の一部を賃貸するアパートや貸家・貸間は，不動産業の賃貸に相当し下宿には含めない。

これに対して，ホテルと旅館は共に主として短期間（通常は日を単位とする），宿泊または宿泊と食事を利用客に提供する施設である。しかし，前者は「洋式の構造及び設備」を主とし，後者は「和式の構造及び設備」を主とする宿泊施設と定められており，施設のハード面がホテルと旅館では異なっている。

ここで，洋式の構造及び設備を主とする施設とは，客室内の調度及び寝具設備（つまり，ソファーやベッド等）が洋式であるだけでなく，宿泊の態様が洋風であるような構造及び設備を主とする施設を指す。その為，例えば客室以外のロビーや食堂の設備等を備えることが洋式と認定されるための要件になる。また，和式の構造及び設備による客室とは，客室間や客室と廊下の間がふすま，板戸，その他これらに類するものを用いて区画されている客室を指す。

この施設面に関して，旅館業法施行令第1条（構造設備の基準）第1項は，ホテルであるためには客室が10室以上あり，1室の床面積が9㎡以上でなければならないと規定している。同条では，その他の基準として①洋式の寝具，②出入口の施錠，③適当な数の洋式浴室またはシャワー，④水洗かつ座便式のトイレ，⑤洗面施設，⑥玄関帳場（フロント，ロビー）等の備え付けや設備を求めている。

また，同施行令第1条第2項においては，旅館であるためには，①客室が5室以上あること，②和式の構造設備による客室は1室の面積が7㎡以上あること（洋式においては9㎡以上），③宿泊しようとする者との面接に適する玄関帳場やそれに類する設備を有すること，④適当な換気，採光，照明，防湿及び排水の設備を有すること，⑤近隣に公衆浴場がある場合を除き，適当な規模の入浴

施設を有すること等が必要になる，としている。

(2) 国際観光ホテル整備法

国際観光ホテル整備法は，外国人客に対する接遇を充実し国際観光の振興に寄与することを目的として，1949年（昭和24年）に制定された法律である。ここでは，同法施行規則におけるホテル，旅館の規定について説明する。

先ず，国際観光ホテル整備法施行規則第4条第1項では，ホテルであるためには，①洋式の構造及び設備で造られており，②シングルルームであれば9㎡以上，その他のタイプの客室では13㎡以上の床面積を持ち，③適当な採光のできる開口部，④浴室またはシャワー室及びトイレ，⑤冷水及び温水が出る洗面設備，⑥入口の施錠設備，⑦電話，を備えた「ホテル基準客室」が最低でも15室以上あり，かつこの基準客室が客室総数の2分の1以上なければならないと定めている。

また，同施行規則第17条第1項においては，旅館であるためには，①客室全体が，日本間として調和のとれたものであり，②畳敷きの室があり，通常一人で使用する客室では7㎡以上，その他の客室では9.3㎡以上の床面積を持ち，③適当な採光のできる開口部，④冷房設備及び暖房設備（但し，季節的に営業するためまたは当該地域が冷涼若しくは温暖であるため，その必要がないと認められる旅館については，この限りでない），⑤洗面設備，⑥入口の施錠設備，⑦電話，を備えた「旅館基準客室」が最低でも10室以上あり，かつこの基準客室が客室総数の3分の1以上なければならないと定めている。

上記については，図表10-1を参照されたい。なお，ホテルについては，法令によって規定ができたとしても，宿泊業の実態を全て語っているとは言い難いことに留意すべきである。例えば，同じホテルでも都市立地のホテルとリゾート立地のホテルとでは，宿泊者の特性は大いに異なり，同じ都市内の立地でも多様な宿泊ニーズに応えるべく，さまざまなホテル施設が存在していることが指摘される。

図表10－1　法令によるホテル・旅館の施設・設備基準

	旅館業法施行令		国際観光ホテル整備法施行規則	
	ホテル（施行令第1条第1項）	旅館（施行令第1条第2項）	ホテル（施行規則第4条第1項）	旅館（施行規則第17条第1項）
施設構造・設置基準	洋式の構造設備による客室	和式の構造設備による客室，洋式の構造設備による客室	洋式の構造及び設備	客室全体が日本間として調和のとれたものであり，畳敷きの室があること
最低客室数	10室以上	5室以上	ホテル基準客室が15室以上あり，かつ客室総数の2分の1以上あること	旅館基準客室が10室以上あり，かつ客室総数の3分の1以上あること
最低客室床面積	9㎡以上	和式客室は7㎡以上，洋式客室は9㎡以上	シングルルームは9㎡以上，その他の客室は13㎡以上	1人で使用する客室は7㎡以上，その他の客室は9.3㎡以上

出所：筆者作成。

2　欧米におけるホテルの分類とわが国のホテル

　次に欧米におけるホテル分類について確認しておく。欧米ではホテルを宿泊機能に加え，レストランや宴会場を付帯し料飲機能を充実させた「フル・サービス型ホテル（full-service hotel）」と料飲機能を殆ど持たず，宿泊機能に特化した「リミテッド・サービス型ホテル（limited-service hotel）」にしばしば大別する。そして，提供されるサービスのグレードと宿泊料金の昇順により，①バジェット（budget），②エコノミー（economy），③ミッドプライス（midprice），④アップスケール（upscale），⑤ラグジュアリー（luxury）の5つに分類することが一般的である。

　この内のバジェットとエコノミーは，リミテッド・サービス型のホテルであることが多く，アップスケールとラグジュアリーはフル・サービス型のホテルであることが多い。そしてミッドプライスは，リミテッド・サービス型かフル・サービス型のいずれかである可能性もあり，中間的な存在として位置付けられている。

　また，世界のホテル産業では，1つから5つの星やダイヤモンド，または国

花（韓国のムクゲ，台湾の梅）等のシンボルを使用してサービス・グレードや価格の違いを明示することがある。その場合の星やダイヤモンド等の個数は，上述したサービス・グレードと宿泊料金に基づくホテル分類に概ね対応しており，両者の関係を示すと図表10－2のようになる。

図表10－2　世界のホテル分類と星数グレードとの関係

機能による分類	← リミテッド・サービス型				フル・サービス型 →
価格帯による分類	バジェット Budget	エコノミー Economy	ミッドプライス Midprice	アップスケール Upscale	ラグジュアリー Luxury
平均価格帯 (US$)	35 – 49	49 – 69	69 – 125	125 – 225	150 – 450
星　数	1ッ星	2ッ星	3ッ星	4ッ星	5ッ星
代表的ホテル	Sleep Inns Thrift Lodge Sixpence Inn	Holiday Inn Express Ramada Limited Comfort Inn Best Western Hampton Inn	Holiday Inn Courtyard Inn Days Inn Ramada Inn Travelodge Hotels Four Points	Marriott Omni Ramada Sheraton Hyatt Hilton Westin	Crown Plaza Renaissance Sheraton Grande Hyatt Regency Westin Hilton Tower Ritz-Carlton

出所：Walker〔2007〕pp.98-101に基づき著者作成。

　なお，わが国ではもう少し状況が複雑となる。わが国独特の宿泊施設である旅館が関係してくるからである。但し，旅館については，価格帯による相違が顕著でなかったため，こうした分類は最近まで余り必要とされなかった。しかしながら，近年ではいわゆる伝統的な旅館とは全く異なる，リゾートホテルと旅館との中間的な業態も出現してきており，こうした施設については別途検討が必要となるだろう[1]。

　また，わが国のホテルについては，かつてはその立地に基づき，「都市型ホテル」と「リゾートホテル」に大別し，更に前者をフル・サービス型のシティホテル（都市ホテル）とリミテッド・サービス型のビジネスホテルに二分する分

1）徳江〔2010〕においては，こうした新しいタイプの旅館について詳述されている。

類法がしばしば用いられてきた。この場合，リゾートホテルは，客室以外に宴会場，複数の料飲施設や売店等を有することが多いため，フル・サービス型ホテルに位置付けられる。しかし，近年わが国において，特にビジネスホテルとシティホテルが多様化してきており，従前の分類手法では齟齬が生じるようになってきた。こうした新しい業態については，次節で詳述する。

第2節　旅館・ホテル業態の多様化

　前節で述べた通り，わが国における従前の宿泊業は，ホテルと旅館，都市型立地とそれ以外という2つの軸で分類することがほぼ可能であり，更に細分類するならば，都市型立地のホテルについては，価格帯と機能によってシティホテルとビジネスホテルとに分ければ十分であった。しかしながら，近年はそのような単純な状況にはない。本節では，旅館・ホテルの業態の多様化とその変化についてより詳細に述べていく。

1　旅　館

　先ず旅館についてであるが，現在では都市型立地の旅館はごく一部を除いて殆ど存在しなくなってしまった。都市によっては残っているケースもあるが，市場全体からすると極めて小さい規模のセグメントにしか対応していない。都市型立地の旅館が現在でも残っているのは，京都や金沢のようにその都市そのものが和を感じられる観光地としての魅力を持っている場合や東京の一部の施設のように海外からの来訪者にターゲットを絞る等，ニッチ・マーケットを対象としている場合である。

　都市型立地ではない旅館は，多くが温泉地や景勝地に立地している。かつては木造1〜2階建てでスタンダードな客室は8畳から10畳程度の和室に縁側付きといった施設が主流であった。現在でも多くの客室設備はそう変わらないが，建物の構造材が木造からコンクリート等に変化してきている。そして，それに伴い1980年代頃からだんだんと高層化が志向されるようになっていった。

こうした施設は，それまでの旅館の構造を木造からコンクリートに変えることによってどんどん重層化していくという発想によるもので，根本的な提供サービスの転換と言えるものではなかった。当初は5～10階程度のものが多かったが，やがては20階建てという超高層の施設まで誕生した。だが，こうした大規模施設の多くは，特に社用を中心とした団体客を主たるターゲットとしており，バブル崩壊と共に苦境に陥ることとなってしまった。

近年では，伝統的な木造旅館とこうした高層旅館に加えて，客室数が10室から20室程度で，全客室に専用の露天風呂を備え，客室も和室が複数或いは和室に加えてベッドが置かれた洋室も用意されているような高品質サービスの施設が出現してきている。これらは，単に専有面積を広げるためではなく，食事のスペースと寝るためのスペースを分けるためでもあり，場合によっては専用の食事処の建物を用意しているケースもある。

一般の生活でも，かつては1つの部屋で家族が食事をし，食後の片付けをしたスペースに布団を敷いて寝るという生活形態が見られたが，現在ではこうした生活をする家族は一般的ではないだろう。こうした生活の変化に伴って，旅館における施設の方向性も多様化してきていることをこの事実は示している。

2　ホテル

次にホテルについて説明する。都市型立地ではないホテルの場合には，大きな変化は見られない。現在でも，価格帯によるグレードで分けられる程度である。但し，上記のような高品質サービスを提供する旅館の中には，ホテルと明確に分けにくいものもあるので注意が必要である。

一方，都市型立地のホテルは大きく変化してきている。前述したように，かつては価格帯によってシティホテルとビジネスホテルとに分けられ，シティホテルはフル・サービス型，ビジネスホテルはリミテッド・サービス型という相違がある程度だった。価格帯が高くなればなるほどフル・サービスの方向性が強くなり，宿泊以外の付帯施設数も増加傾向となり，逆に価格帯が安くなればなるほどリミテッド・サービスの方向性が強くなり，付帯施設数も減少或いは

なくなっていった。しかし，近年台頭してきているホテルには，こうした原則とは異なるものが多い。

繰り返すが，価格帯が安くなればなるほどリミテッド・サービスに近づくという流れがかつては基本であった。ところが，最近急速に増加してきている宿泊特化型ホテルは，こうした方向性とは異なるものである。この種の宿泊特化型ホテルでは宿泊機能のみを提供し，料飲に関する施設は基本的に持たず，あえて言えばラウンジでビュッフェスタイルの簡素な朝食だけを提供する程度に留めている。こうすることによって固定費を下げ，その分で客室の広さや設備にコストをかけることで宿泊に関しての競争力を高めたホテルが出現し，大きな勢力となってきているのである。

このような変化の背景にあるのは，例えば次のような例から推測することができる。かつてはホテル内に料飲施設が存在すれば利便性が高いと考えられていた。わざわざ近隣の飲食店まで食事をしに行く必要がなくなるからである。しかし，最近では近隣にあるコンビニで食事を調達してくる人が増えてきている。朝食はもちろんのこと，場合によっては夕食さえもコンビニで調達したり，24時間営業の外食チェーン店ですませたりするケースが増加している。これも旅館の例と同様で生活様式の変化に伴って，ホテルの利用形態が大きく変化してきたために生じた環境変化であると言える。

そして，高価格帯でも同じような現象が観察されている。つまり，かつては価格帯が高くなればなるほど客室数は増える傾向があり，料飲施設も和洋中さまざまなものを用意し，宴会場も大小複数取り揃えてフル・サービスに向かうという方向性があった。代表的なものが，御三家と言われた帝国ホテル，ホテルオークラ，ホテルニューオータニであり，いずれも1,000室から2,000室前後の客室を持ち，10から20もの料飲施設を展開し，宴会場も収容客数が数百名規模のものから小さなものまで複数揃えていたのである。このようなホテルは，あたかも1つの街であるかのような様相を呈してさえいた。しかし，1990年代以降に進出してきた外資系を中心とした1泊の最低料金が4～5万円という超高級ホテルにおいては，客室数を100室から200室程度に抑え，宴会場は

持たないか 1 〜 2 箇所程度に絞り，レストランも 2 〜 3 程度となっている。

　これらは，サービス提供のラインナップを絞っているという点では宿泊特化型と同様ではあるが，その背景にある思想は異なっている。超高級ホテルが提供するサービスを絞っているのは，そこから実現されるコスト削減が主たる目的ではない。多くの要素を取り揃えて幅広い客層を狙うよりも，ターゲットとする市場セグメントを絞り込んで，より高品質のサービスを提供し，ターゲット市場のニーズに的確に応える。このような基本戦略で競争力を保持しようとする方向性を志向しているのである。

　ホテルにおいては，元々はわが国になかったサービス様式であるために当初は価格帯と付帯施設の多寡だけで対応できていたと言える。しかしながら，経済成長や生活様式の変化と共に，そして人々のホテル利用経験が増えると共に競争環境に大きな変化が生じてきたことが理解できるだろう。

第3節　宿泊業におけるマーケティング上の特徴点と実際

　宿泊業も基本的なマーケティングについては他のサービス業と変わらない。例えば，宿泊業は交通事業等と同様に提供するサービスを在庫することができない。今日売れ残ってしまった客室を明日の分として売ることは永久に不可能となる。その為に需要の繁閑に対応するには，価格設定が大いに意味を持ってくることになる。実際，繁忙期と閑散期とでは，同じホテルの同タイプの客室料金に 2 〜 3 倍もの料金差が生じることも珍しくない。

　こうしたことを踏まえると宿泊業におけるマーケット・セグメンテーションに対しても，価格が果たす役割が極めて大きいことが伺えよう。また，経験属性の強いサービスでもあることから，複数（多数）のホテルを展開する際にはブランディング（branding）についても注意すべき点が多い。

　宿泊業の運営効率を図る尺度としては，RevPAR（Revenue Per Available Rooms：販売可能客室1室当たり売上）と ADR（Average Daily Rate：客室1室当たり平均室料）が存在する。かつては稼働率（occupancy）が運営効率の主たる指標で

あったのだが，この数字だけでは，本当にそのホテルは人気があるために稼働率が高いのか，逆に値下げを大いに行っているために稼働率が高いのかは分からない。その為，近年では実際の販売価格も加味して捉えることが主流となっている。これらは，以下のように計算できる。

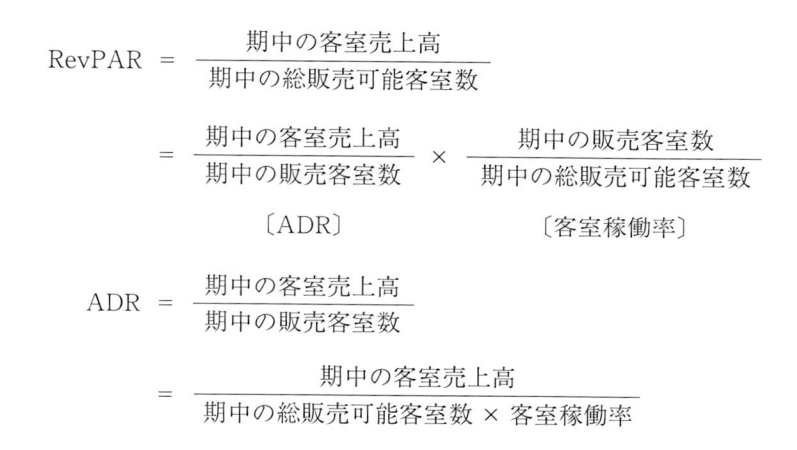

$$\text{RevPAR} = \frac{\text{期中の客室売上高}}{\text{期中の総販売可能客室数}}$$

$$= \underbrace{\frac{\text{期中の客室売上高}}{\text{期中の販売客室数}}}_{[\text{ADR}]} \times \underbrace{\frac{\text{期中の販売客室数}}{\text{期中の総販売可能客室数}}}_{[\text{客室稼働率}]}$$

$$\text{ADR} = \frac{\text{期中の客室売上高}}{\text{期中の販売客室数}}$$

$$= \frac{\text{期中の客室売上高}}{\text{期中の総販売可能客室数} \times \text{客室稼働率}}$$

すなわち，あるホテルにおけるスイートからシングルまで全ての客室を対象として，RevPARは1部屋当たり平均で実際にいくら稼いでいるかを示す指標であり，ADRは1部屋当たり平均で実際に取引されている価格を示す指標である。

宿泊業においては，可能な限りRevPARを高めるようにすることが，客室の運営効率を向上させてくれることになる。すなわち，宿泊業においてはRevPARがイールド・マネジメント（yield management）におけるイールドに当たる。近年では，このRevPARを軸としてポジショニングを見直す動きがホテル業界では増えつつある。実際に，世界的なホテルチェーンであるスターウッド（Starwood），ハイアット（Hyatt），ヒルトン（Hilton），インターコンチネンタル・ホテルズ（InterContinental Hotels）等は，いずれも数百から1,000を超えるホテルを傘下に持ち，こうしたホテル群をカテゴリー毎に別ブランドとして運営しているが，RevPARは運営上の大きな指標となっている。そこで，

本節ではRevPARと前述した「フル・サービス－リミテッド・サービス」とを軸とした実際の市場対応について考察していく。以下では、架空の存在である「Aホテルズ」というホテルチェーンを仮設例として想定して、説明を進めていくこととする。

（1）Aホテルズの概要と競争環境の変化

Aホテルズは、都市型立地の環境において「Aホテル」というブランドでのフル・サービス型の施設と「Aイン」というブランドでのややリミテッド・サービス型の施設を軸にチェーン展開を行って成長してきた（図表10－3参照）。顧客は、自身のその時の予算や金銭的余裕と相談して、シンプルにホテルの選択をすることができたわけである。

図表10－3　Aホテルズにおける2ブランドのポジショニング

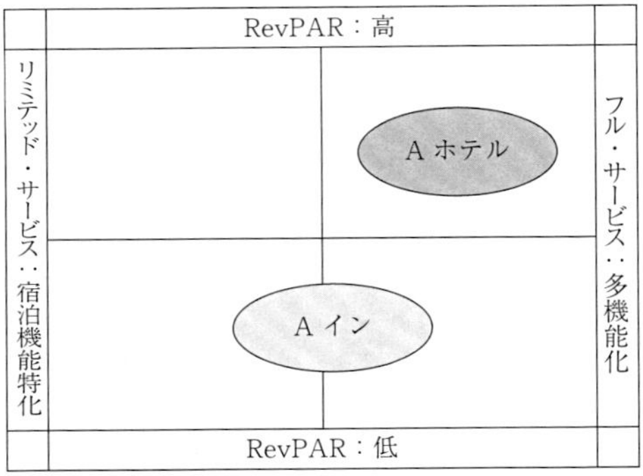

	RevPAR：高	
リミテッド・サービス：宿泊機能特化	Aホテル Aイン	フル・サービス：多機能化
	RevPAR：低	

出所：筆者作成。

しかしながら近年、都市型立地のホテル業態が多様化してきた。前述したように「宿泊特化型」と呼ばれる宴会場どころかレストランさえも持たず、客室の提供のみにサービスを絞り込むことで、同じ値段であればリミテッド・サービス型よりも客室のグレードが上の設備を提供し得る施設が急激に増加してきた。或いは言わば「超高級」ともいえる最低価格が4～5万円を超えるような

極めて高価格帯のセグメントのみをターゲットとして，手厚いサービスの提供を実現するような施設も続々と登場してきた。

こうしたライバルの出現によって，Aホテルは高価格帯の客離れが生じたばかりか，より高価格帯の施設の出現によって，相対的にこれまで築いてきた高級なブランド・イメージが毀損されかねない状況に陥ってしまった。一方，Aインは宿泊における価格競争力を失い，極端にいえば「安かろう悪かろう」といったイメージで見られかねない状況となってしまった。

（2）Aホテルズの戦略対応

そこで，Aホテルズでは，新しく「スペシャルA」というブランドを開発し，新規にこのブランドのホテルを開業させるのみならずAホテルやAインの施設の一部をこちらに移管することで，顧客に新たな選択肢を提供した。スペシャルAはAホテルに準ずるものであるが，基本的に宴会場は持たず，宿泊と少数の料飲施設の展開に留めている。そして，Aインの利用客の中で，これまで通りにある程度は付帯サービスが必要であるセグメントに対しては，スペシャルAへの移行も促す方策を取った（図表10－4参照）。

この対応によって，Aホテルに対して割高感を感じていた顧客やAインで

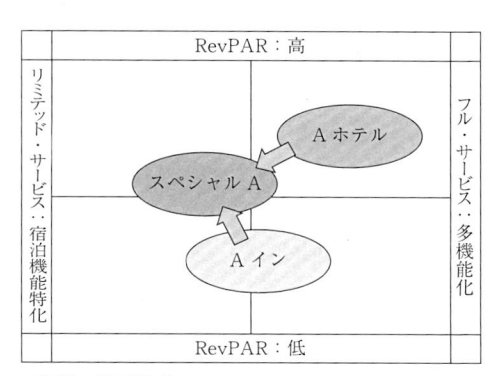

図表10－4　Aホテルズ：「スペシャルA」の投入後

出所：筆者作成。

の物足りなさを感じていた顧客に対して，リーズナブルなサービスの提供が可能となったのである。

(3) 更なる戦略対応

しかしながら，このままでは，これまでのAインの顧客の内，料飲施設さえも利用しない顧客層は離れていかざるを得ない状況となってしまう。そこで更に「シンプルA」というブランドも開発し，こちらは宿泊特化型として，急成長中の他社チェーンへの対抗策とした（図表10－5参照）。

図表10－5　Aホテルズ：「シンプルA」の投入後

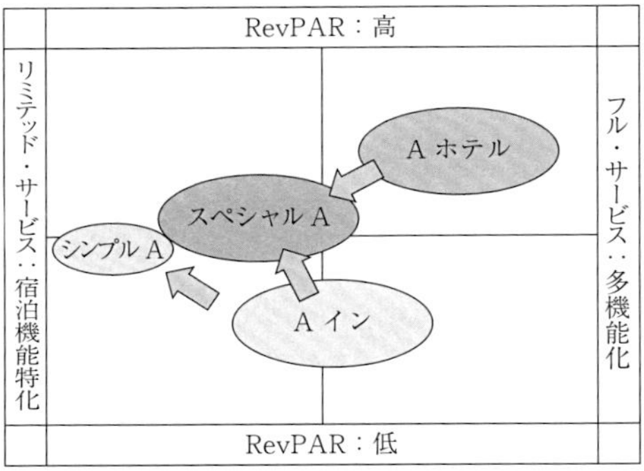

	RevPAR：高	
リミテッド・サービス：宿泊機能特化	Aホテル スペシャルA シンプルA　　Aイン	フル・サービス：多機能化
	RevPAR：低	

出所：筆者作成。

また，スペシャルA全体のブランド・イメージ向上のために，フラッグシップ的な新しい「スペシャルA」の施設を開業させた。また，一等地に立地している元AホテルだったスペシャルAの改装を行う等して新たな魅力も付与した。

加えて，高価格帯が他の超高級ホテルに奪われかねない状況となってしまったAホテルに対しても，既存ホテルのリニューアルを進める等した上で，更なるブランド・イメージの向上を目指すこととなった。すなわち，新しくAホテルズ・チェーン全体のフラッグシップとなるべく「フラッグシップAホ

テル」も開業させたのである。このフラッグシップAホテルは，価格帯としては「超高級」に匹敵するものであり，このホテルの存在によってAホテル全体のブランド・イメージも向上することが期待された（図表10－6参照）。

図表10－6　Aホテルズ：リブランド完了後

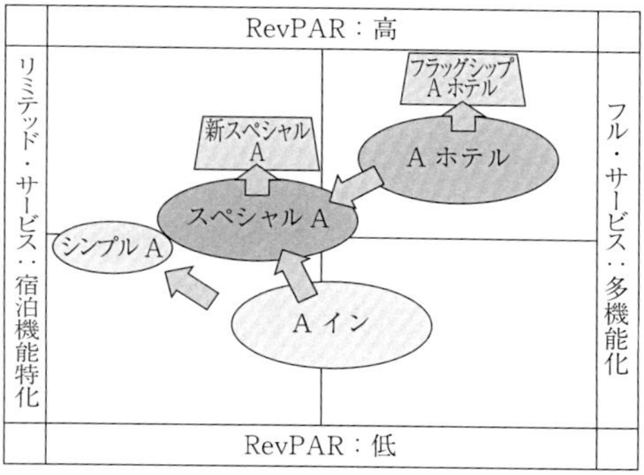

```
                    RevPAR：高
    ┌─────────────────────────────────┐
リ  │         ┌─────┐                  │ フ
ミ  │         │フラッグ│                │ ル
テ  │  ┌───┐ │シップ │                │ ・
ッ  │  │新スペ│ │Aホテル│                │ サ
ド  │  │シャル│ └─────┘                │ ー
・  │  │ A  │    ↑                    │ ビ
サ  │  └───┘  ┌─────┐                │ ス
ー  │    ↖   │Aホテル│                │ ：
ビ  │   ┌────┐└─────┘               │ 多
ス  │   │スペシャルA│                   │ 機
：  │   └────┘↑                      │ 能
宿  │ ┌───┐ ↑                        │ 化
泊  │ │シンプル│ ┌─────┐              │
機  │ │  A  │ │     │                │
能  │ └───┘ │ A イン│                │
特  │   ↖   │     │                │
化  │        └─────┘                  │
    └─────────────────────────────────┘
                    RevPAR：低
```

出所：筆者作成。

　こうしたリブランドが功を奏し，Aホテルズ全体のRevPARやADRは，他ホテルが不況による売上減にあえぐ中，着実に上昇しつつある。
　但し，これで課題が全て解決されたわけではない。例えば，残されたAインの中には，やはり難しい運営を迫られる施設も出現してこよう。この対策には，多様な手段が取られねばならない。他のチェーンとの提携や場合によっては運営の委託，ブランドの移管等も必要とされるかもしれない。或いは，関連事業との連携も必要となろう。

　上記に示したように競争環境の変化に対応することが，宿泊業のマーケティングにおいては極めて重要なのであるが，宿泊業は人的な繋がりでの事業展開が非常に大きい面もあるため，例えば「抵抗勢力」の排除等その前提として行われなければならない問題も多い。また，会計面や財務面でも考慮すべき点が多々ある。チェーンの中にはこうした変化への対応が困難であったために，消

えてしまったり売却されてしまったりしたものも多い。いかにして市場対応をして行くかという点では，他の業種とも何ら変わらないことを忘れてはならない。

【演習課題】
（1）特定の国や都市，或いは地域に立地するホテルを列挙して，それらのホテルを①規模，②客室構成，③価格帯，④サービス水準，⑤付帯施設，等の基準で分類してみよう。
（2）特定のホテルチェーンを取り上げて，そのホテルチェーンのブランディングについて考察してみよう。例えば，①そのホテルチェーンのブランディングがどのような基準に従ってなされているか，②そのカテゴリー分けが適切かどうか検討してみよう。更に，他のホテルチェーンとも比較して，どのような違いがあるかについても考察してみよう。

参考文献
徳江順一郎〔2010〕「『和』リゾートの新潮流」『高崎経済大学論集』第 53 巻第 3 号，高崎経済大学経済学会，pp.41-55。
徳江順一郎編著〔2011a〕『サービス＆ホスピタリティ・マネジメント』産業能率大学出版部。
徳江順一郎〔2011b〕「ホテルの市場環境変化と企業側の対応に関する一考察」『ツーリズム学会誌』第 10 号，ツーリズム学会，pp.73-88。

Walker, J.R.〔2007〕*Introduction to Hospitality Management,* Pearson Prentice Hall.

（徳江順一郎）

索　引

あ

アイドル時間 ……………………………………60
イネーブルメント ………………………………9
イベント・スキーマ …………………………22
イールド …………………………………………66
　───・マネジメント ……………65，163
インストラクション・マテリアル ……25，99
インターナル・コミュニケーション ………95
インターナル・マーケティング ……11，54
エイベルソン（Abelson, R.P.）………………22
エクスターナル・コミュニケーション ……95
エクスターナル・マーケティング ……11，53
エンパワーメント ………………………………8
大手総合旅行業者 …………………………142
オリバー（Oliver, R.L.）………………………48

か

外在的手がかり …………………………………41
価格差別 …………………………………………63
下限サービス ……………………………………49
過程品質 ………………………………40，71，109
稼働率 ……………………………………65，162
カールソン（Carlzon, J.）……………………29
簡易宿泊所 ……………………………………155
観客満足 ………………………………………128
観光 ……………………………………………137
　───資源 ……………………………………137
　───施設 ……………………………………137
　───主体 ……………………………………137
　───対象 ……………………………………137
　───媒介 ……………………………………137
企業スポーツ …………………………………133
期待−不一致モデル ……………………………48
希望サービス ……………………………………49
客観的品質 ………………………………………40
強化型の補足的サービス要素 …………………33
共同消費者 ………………………………………11
共同生産者 ………………………………………11
行列システム ……………………………………86
クオリティ・ギャップ …………………………45
経験属性 …………………………………6，93
劇場アプローチ …………………………………17
下宿 ……………………………………………155
結果品質 ……………………………40，71，109
コア・サービス …………………………………32
広告 ………………………………………………98
交通事業 ………………………………………146
顧客エデュケーション ………………26，102
顧客歓喜 …………………………………………50
顧客感動 …………………………………………49
顧客コンタクト …………………………………29
顧客スクリプト …………………………………22
顧客セグメント別差別価格 ……………………64
顧客ディフェクション …………………53，112
顧客の離反行動 ………………………………119
顧客不満足 ………………………………………49
顧客マネジメント ………………………………20
顧客満足 …………………………………9，47，95

顧客リテンション ……………………9, 52, 112
顧客ロイヤルティ ………………………9, 52
国際観光ホテル整備法 ……………………156
コスト面での失敗 …………………………110
個体距離 ……………………………………78
小林一三 ……………………………………149
コーポレート・デザイン …………………100
コンテンツとしてのスポーツ ……………125

さ

最大供給能力 ………………………………76
ザイタマル（Zeithamal, V.A.）……………49
最適供給能力域 ……………………………77
サッサー（Sasser, Jr.W.E.）………………114
サーバクション・システム ………………10
サービス・エクスペリエンス ………………7
サービス・エデュケーション …………26, 101
サービス・エンカウンター …………………27
サービス供給能力 ………………………60, 74
サービス・クオリティ・ギャップ分析 ……45
サービス・クオリティ・ギャップ・モデル
　…………………………………………………45
サービス苦情ログ …………………………121
サービス景観 ………………………………31
サービス・コスト ………………………42, 68
サービス・システム ……………………10, 17
サービス需要 ………………………………74
　──── ログ ……………………………84
サービス・スクリプト ……………………22
サービススケープ …………………………31
サービス・デリバリー・システム …………10
サービスの価格 ……………………………56
サービスの供給能力マネジメント ………87
サービスの金銭的コスト …………………69
サービスの工業化 …………………………8

サービスの失敗 ……………………………107
サービスの需給マネジメント ……………84
サービスの需要マネジメント ……………85
サービスの提供単位 ………………………58
サービスの非金銭的コスト ………………69
サービスのメンバーシップ ………………62
サービス品質 ………………………………39
サービス・ファクトリー ……………………9
サービス・ブループリンティング …………34
サービス・ブループリント …………………34
サービス・プレビュー …………………25, 93
サービス・フローチャート …………………34
サービス・プロフィット・チェーン
　……………………………………………50, 95
サービス・プロモーション ………………90
サービス・マーケティング …………………1
サービス・リカバリー ……………………112
　──── ・パラドックス ………………113
差別価格 ……………………………………63
試合観戦 …………………………………128
ジェイカスタマー …………………………21
時期別・時間帯別差別価格 ………………64
失敗サイクル ………………………………53
シティホテル ………………………………158
シャンク（Schank, R.C.）…………………22
従業員エデュケーション ………………26, 101
従業員スクリプト …………………………22
従業員満足 ……………………………50, 95
従業員リテンション ………………………52
周辺的手がかり ……………………………41
宿泊業 ……………………………………154
需要サイクル ………………………………82
消滅性 ………………………………………4
ジョーンズ（Jones, T.O.）…………………114
真実の瞬間 …………………………………29

索　引　171

人的コミュニケーション ……………… 97
人的販売 …………………………………… 96
親密距離 …………………………………… 78
信頼属性 ………………………………… 6, 93
スキーマ …………………………………… 22
スポーツ・ビジネス …………………… 124
スポーツ・マーケティング …………… 124
するスポーツ …………………………… 125
正規運賃 …………………………………… 66
成功サイクル ……………………………… 52
全体需要サイクル ………………………… 82
促進型の補足的サービス要素 ………… 32

た

対人距離 …………………………………… 78
ターゲット・オーディエンス ………… 91
単位需要サイクル ………………………… 82
探索属性 ………………………………… 6, 93
地域別差別価格 …………………………… 64
知覚価値 …………………………………… 42
知覚コスト ………………………………… 68
知覚品質 ………………………………… 7, 40
ディストリビューター ………………… 142
同時性 ……………………………………… 4
当日客 ……………………………………… 67
都市型ホテル …………………………… 158

な

内在的手がかり …………………………… 41
内部顧客 …………………………………… 53
認知的不協和 ……………………………… 94
ノベルティ ………………………………… 98

は

ハイ・コンタクト ………………………… 29

バックステージ …………………………… 17
パブリシティ ……………………………… 99
パラスラマン（Parasuraman, A.）…… 42, 45
ピクトグラフ …………………………… 104
ピクトグラム …………………………… 104
ビジネス・プロセス・モデリング表記法
　………………………………………………… 35
ビジネスホテル ………………………… 158
人質 ……………………………………… 113
フィジカル・エビデンス ……… 7, 30, 93
物的証拠 ………………………………… 7, 30, 93
フル・サービス型ホテル ……………… 157
プレミアム ………………………………… 98
プロ・スポーツ ………………………… 133
プロモーション …………………………… 90
　　───・メディアとしてのスポーツ … 125
フロントステージ ………………………… 18
ヘスケット（Heskett, J.L.）…………… 50
ペティ＝クラークの法則 ………………… 13
変動性 ……………………………………… 4
包括価格 …………………………………… 61
ホスピタリティ …………………………… 33
補足的サービス要素 ……………………… 32
ホテル ……………………………… 155, 160
ホールセラー …………………………… 141

ま

待ち行列 …………………………………… 86
満足保証 ………………………………… 122
ミディアム・コンタクト ………………… 30
観るスポーツ …………………………… 125
無形財 ……………………………………… 4
無形性 ……………………………………… 4
問題顧客 …………………………………… 21

や

有形財	4
要素別価格	61
容認範囲	49
予約システム	64, 86
予約タイミング別差別価格	64

ら

ラブロック（Lovelock, C.H.）	29, 45, 68
リカバリー・コスト	113
リカバリー・ベネフィット	113
リゾートホテル	158
リテーラー	142
離反顧客	120
リミテッド・サービス型ホテル	157
旅館	155, 159
────業法	154
旅行業	138
────法	138
旅行需要	145
倫理・価値観の上での失敗	111
レビット（Levitt, T.）	8
レベニュー・マネジメント	65
ロー・コンタクト	30
ロール・スキーマ	24

A－Z

adequate service	49
ADR	162
advertising	98
Average Daily Rate	162
back-stage	17
BPMN	35
Business Process Modeling Notation	35
CD	50
co-consumer	11
cognitive dissonance	94
contact personnel	28
co-producer	11
core service	32
corporate design	100
CP	28
credence attributes	6, 93
CS	9, 47, 95
customer contact	29
customer defection	21, 53, 112
customer delight	50
customer dissatisfaction	21, 49
customer education	26, 102
customer loyalty	9, 52
customer retention	9, 52, 112
customer satisfaction	9, 47, 95
customer script	22
cycle of failure	53
cycle of success	53
demand cycle	82
desired service	49
differentiated price	63
DINAMO	66
Dynamic Inventory Allocation and Maintenance Optimaizer	66
employee education	26, 101
employee retention	52
employee satisfaction	50, 95
employee script	22
empowerment	8
enablement	9
enhancing supplementary service elements	33
ES	50, 95

索　引　173

event schema	22
experience attributes	6, 93
external communication	95
external marketing	11, 53
extrinsic cue	41
facilitating supplementary service elements	32
FAQ	105
financial costs	69
frequently asked questions	105
front-stage	18
full-service hotel	157
high contact	29
hospitality	33
hostage	113
idle time	60
instructional materials	25, 100
intangibility	4
intangible goods	4
internal communication	95
internal customer	53
internal marketing	11, 54
interpersonal distance	78
intimate distance	78
intrinsic cue	41
jaycustomer	21
limited-service hotel	157
low contact	30
maximum capacity	76
medium contact	30
moment of truth	29
nonfinancial costs	69
novelty	98
objective quality	40
occupancy	65, 162
optimum capacity range	77
other financial costs	68
outcome quality	40, 71, 109
perceived cost	68
perceived quality	7, 40
perceived value	42
peripheral cue	41
perishability	4
personal communication	97
personal distance	78
personal selling	96
Petty Clark's law	13
physical costs	68
physical evidence	7, 30, 93
pictogram	104
pictograph	104
PR	99
premium	98
price discrimination	63
process quality	40, 71, 109
promotion	90
psychological costs	68
public relations	99
publicity	99
purchase price	68
queue	87
queuing system	86
rack rate	66
reservation system	64, 86
revenue management	65
Revenue Per Available Rooms	66, 162
RevPAR	66, 162
role schema	24
sales promotion	98
satisfaction guarantee	122

schema	22	service recovery	112
search attributes	6, 93	——— paradox	113
sensory costs	68	servicescape	31
service blueprint	34	service script	22
service blueprinting	34	service system	10
service capacity	60, 74	SERVQUAL	42
service complaint log	121	servuction system	10
service cost	42, 68	simultaneity	4
service delivery system	10	SP	98
service demand	74	sports marketing	125
——— log	84	supplementary service elements	32
service education	26, 101	tangible goods	4
service encounter	27	target audience	91
service experience	7	the expectancy disconfirmation model	48
service factory	9	theater approach	17
service failure	107	time costs	68
service flowchart	34	variability	4
service marketing	1	waiting line	87
service preview	25, 93	walk-in guest	67
service-profit chain	50	yield	66
service promotion	90	——— management	65, 163
service quality gap analysis	45	zone of tolerance	49

《編著者紹介》

小宮路雅博（こみやじ・まさひろ）

成城大学経済学部教授

主要業績

『サービス・マーケティング原理』（監訳，C. ラブロック／ L. ライト著，白桃書房，2002 年）

『イメージとレピュテーションの戦略管理』（訳書，イーラーン・トレーニング・カンパニー著，白桃書房，2009 年）

『現代マーケティング総論』（編著，同文舘出版，2011 年）

（検印省略）

2012 年 8 月 20 日　初版発行
2014 年 4 月 20 日　二刷発行
2019 年 4 月 20 日　三刷発行

略称 ― サービスマーケ

サービス・マーケティング

編著者	小宮路　雅博
発行者	塚田　尚寛

発行所	東京都文京区 春日 2-13-1	株式会社　創　成　社

電　話　03（3868）3867　　F A X　03（5802）6802
出版部　03（3868）3857　　F A X　03（5802）6801
http://www.books-sosei.com　振　替　00150-9-191261

定価はカバーに表示してあります。

©2012,2019 Masahiro Komiyaji　　組版：トミ・アート　印刷：エーヴィスシステムズ
ISBN978-4-7944-2391-7 C3034　　製本：宮製本所
Printed in Japan　　　　　　　　落丁・乱丁本はお取り替えいたします。

―――― 経営・マーケティング ――――

サービス・マーケティング	小宮路 雅博 編著	2,000 円
マーケティング超入門	簗瀬 允紀 監修 肥沼 佐栄子 著	1,500 円
ブランドマーケティングマネジメント入門	簗瀬 允紀 著	2,200 円
コーポレートブランドと製品ブランド ―経営学としてのブランディング―	簗瀬 允紀 著	800 円
グローバル・マーケティング	丸谷 雄一郎 著	1,800 円
わかりすぎるグローバル・マーケティング ― ロシアとビジネス ―	富山 栄子 著	2,000 円
ITマーケティング戦略 ―消費者との関係性構築を目指して―	大﨑 孝徳 著	2,000 円
ブランド・マーケティング研究序説Ⅰ	梶原 勝美 著	3,800 円
ブランド・マーケティング研究序説Ⅱ	梶原 勝美 著	4,200 円
マーケティング・ブック	小川 純生 著	1,600 円
消費者行動論	北原 明彦 著	2,000 円
国際流通論 ― 理論と政策 ―	鷲尾 紀吉 著	3,200 円
マーケティング戦略の理論	鷲尾 紀吉 著	1,900 円
CSRとコーポレートガバナンスがわかる事典	佐久間 信夫 水尾 順一 編著 水谷内 徹也	2,200 円
グローバル化が進む中国の流通・マーケティング	謝 憲文 著	2,800 円
現代マーケティング論	松江 宏 編著	2,900 円
現代消費者行動論	松江 宏 編著	2,200 円
広告の理論と戦略	清水 公一 著	3,800 円
共生マーケティング戦略論	清水 公一 著	4,150 円

(本体価格)

―――― 創 成 社 ――――